아이의 심리학

아이의 심리학

1판 1쇄 발행 2006년 11월 6일
1판 6쇄 발행 2009년 10월 16일

지은이 조혜수 **펴낸이** 김영곤 **펴낸곳** (주)북이십일 아울북
책임편집 원성식 **북디자인** 디박스 **마케팅·영업** 서재필 최창규 김보미
출판등록 2000년 5월 6일 제10-1965호
주소 (우413-756) 경기도 파주시 교하읍 문발리 파주출판단지 518-3
대표전화 031-955-2100 **팩스** 031-955-2151 **이메일** book21@book21.co.kr
홈페이지 www.book21.com **커뮤니티** cafe.naver.com/21cbook

값 10,000원
ISBN 978-8-509-0988-8

미운 네 살 죽이고 싶은 일곱 살의 마음 읽기

아이의 심리학

조혜수 지음

아울북

　　어린 시절 경험은 무엇보다도 중요하다. 우리가 어떤 경험을 했는가에 따라 이후의 삶의 질이 달라지기 때문이다.

그러나 여기에서 조금 더 생각해야 할 것은 어린 시절에 경험한 '사실 그 자체'만을 봐서는 안 된다는 것이다. 현재의 삶에 더 영향을 주는 것은 그 경험으로 인해 아이 마음에 만들어지는 '마음의 틀'이기 때문이다.

우리들은 어떤 사실을 경험하면 자신도 모르는 사이에 수많은 생각과 감정을 만들어내게 된다. 이처럼 부지불식간에 만들어진 마음의 틀은 자기 자신의 모습에 대하여 이러쿵 저러쿵 평가를 내리게 된다. '난 괜찮은 사람이야' 하는 자신감을 만들어주기도 하고 '내가 하는 일은 왜 만날 이 모양이지' 하는 수치심으로 스스로를 초라하게 위축시키기도 한다.

이러한 마음의 틀에 가장 큰 영향을 주는 것은 부모와의 상호 작용을 통한 경험이다.

만일 부모가 아이 마음을 잘 알아주고 적절하게 반응해 주면 아이 마음에는

'난 괜찮은 사람이야. 부모님도 나에게 관심을 보여 주시잖아'

'내 생각이 틀리지 않았구나. 내가 지금 느끼는 감정이 맞는 거야'

'그래, 우리 부모님처럼 다른 사람들도 나를 믿고 사랑해 줄 거야'

'난 사랑 받을 만큼 중요한 사람이야'

라는 마음의 틀, 즉 자신에 대한 믿음, 자기 마음에 대한 확신, 타인에 대한 신뢰가 생겨난다. 이는 친구와 잘 지내고, 공부에 열중하며, 자신감 있고 만족스런 기분으로 생활하는 밑거름이 된다.

반면 부모가 아이의 마음을 적절하게 알아주고 챙겨주지 못하면 아이 마음에는

'난 별 볼일 없는 사람이야. 부모님도 전혀 관심이 없으시잖아'

'난 정말 이상한 아인가봐. 부모님이 언제나 잘못됐다고 지적하시잖아'

'나를 믿을 수 없어. 아무도 나를 사랑해주지 않을 거야. 무서워'
라는 마음의 틀, 즉 자신을 하찮게 생각하고, 자신이 하는 일은 별
볼일 없고 잘 되지 않을 것이라는 생각이 만들어진다. 이런 마음의
틀을 가진 아이는 성장하면서 매사 위축되고 열등감을 갖는 사람이
될 수 있다.

아이가 긍정적인 마음의 틀을 갖게 하려면 부모가 아이의 마음을 읽
어주고 공감해주는 것이 무엇보다 중요하다. 그런데 아이의 마음을
알아준다는 것이 말처럼 쉽지는 않다.
상담실에서 만나는 부모님들 역시 아이의 행동이나 마음을 알아차
리기가 너무 힘들다고 호소하는 경우가 많다.
"아이가 도대체 왜 그러는 거지요?"
"아이 마음을 도저히 모르겠어요. 이해가 안가요."
"부모로서 아이에게 어떻게 해주는 것이 좋은 건지 망설여져요"
또는 부모가 생각하기에 옳다고 판단하는 방향으로 아이를 이끌려
고 하는데 왜 아이는 잘 따르지 않는지 모르겠다고 하소연하는 경우

도 있다.

부모님들의 이런 하소연을 들어보면 하나같이 아이를 위하는 마음은 지극한데 아이와 어떻게 소통해야하는지에 대해 잘 알지 못한다는 것을 알 수 있다.

사실 아이의 마음을 읽고 소통하는 것이 쉽지는 않다. 하물며 자기 마음도 내 것이라 하여 척하고 알아지는 것이 아닌데, 내 속으로 낳은 자식이라고 어찌 저절로 속을 알 수 있으랴.

특히 네 살에서 일곱 살이라는 나이는 배우고 수용하는 능력이 급격히 크는 시기다. 또한 발달상의 변화가 다양하게 나타나는 시기이므로 설령 부모라 하더라도 정확하게 파악하기는 쉽지 않다. 게다가 이 시기는 부모의 사소한 말 한 마디, 행동 하나에 크게 영향을 받는 민감한 시기이기도 하니 아이와 소통하기 위한 부모의 각별한 노력이 요구된다.

이처럼 아이와 소통이 필요한 부모님들을 좀 더 구체적으로 돕기 위해 이 책을 쓰게 되었다. 책의 내용은 부모님들이 네 살에서 일곱 살까지의 아이들을 키우면서 부딪히는 고민과 갈등을 지혜롭게 해결할 수 있는 조언으로 이루어졌다.

각 코너는 네 가지 단계로 구성했다. 먼저 부모님들이 아이를 키우면서 맞닥뜨리는 문제를 생생한 에피소드로 소개하고, 이 때 아이의 마음이 어떻게 움직이는지 보여주었다. 또한 아이가 왜 그런 행동을 하는지 아이의 연령적 특징과 심리적 특징을 밝히고, 마지막으로 이를 종합하여 보다 효율적으로 대처할 수 있는 부모의 행동에 대한 작은 지침을 기술하였다. 이 코너는 부모와의 갈등 상황에서 아이 내면에 만들어질 마음의 틀을 보다 긍정적이고 자신을 신뢰할 수 있도록 바꾸는데 도움이 될 것이다.

책에서 다루어지는 사례들은 특정의 누군가가 아니라, 우리 가정이나 이웃에서 흔히 볼 수 있는 우리들의 이야기다. 아이를 키우면서 고민하고 계시는 분이나 보다 창의적인 양육법을 얻고자 애쓰시는 분들에게 작은 도움이 되길 기원한다.

조혜수

목
—
차

1장

타고난 성격인 걸요!

어느 날 소금이 마법사를 찾아가 말했어요.

"전 짠맛이 싫어요. 단맛을 주세요."

마법사는 소금에게서 짠맛을 빼앗고 단맛을 주었어요.

그런데 소금이 짠맛을 잃자 곳곳에서 불평이 쏟아졌어요.

"배추를 절이지 못해 김치를 담글 수가 없어. 소금아, 돌아와라."

"우리 고추장 공장은 망했소. 단맛만 나는 고추장을 누가 먹겠소."

소금은 사람들의 소리를 듣고 나서야 자신이 얼마나 소중한 존재인지 깨달았습니다. 그래서

마법사에게 다시 짠맛을 갖게 해 달라고 부탁했어요.

사람은 타고난 성격대로 살아갈 때 가장 편안함을 느낀답니다.

그러니 아이의 성격이 마음에 들지 않는다고 꾸짖지 마세요.

타고난 성격을 인정하고 장점으로 키워주면

아이는 자기만의 색깔이 있는 매력적인 사람으로 성장할 거예요.

텔레비전에 빠져 엄마 말을
귓등으로 흘려요

. . .

주의력이 부족한 아이

일곱 살 재희는 오늘도 들어오자마자 텔레비전 앞으로 달려간다. 모래밭에서 뒹굴며 놀았는지 옷이며 신발에 모래가 잔뜩 묻어 있다.

그걸 본 재희 엄마는 주방으로 향하며 버럭 소리를 지른다.

"왜 이렇게 늦었어? 얼른 옷 갈아입고 손 씻고, 네 방에 들어가서 책 한 권 읽어. 빨리빨리 해, 늦었어!"

그러나 재희는 텔레비전에서 눈을 떼지 않은 채 건성으로 "응" 하고 대답할 뿐이다. 저녁 준비에 바쁜 엄마는 다시 한번 소리친다.

"자꾸 텔레비전만 볼 거야? 빨리 옷 벗고 씻으란 말이야!"

그러나 여전히 텔레비전에 빠져 멍하니 앉아 있는 재희. 엄마는 열이 확 오른다. 한두 번도 아니고 번번이 저녁 시간만 되면 소리를

질러대야 하니…. 이젠 도저히 못 참겠다는 듯 급기야 재희 엄마는
달려와 아이의 엉덩이를 때리고 만다.

"너, 엄마가 옷 갈아입고 손 씻고 책 읽으라는 소리 들었어, 못 들
었어? 몇 번이나 얘기했는데 꼼짝도 안 하고 텔레비전만 보는 거야?
엄마 말이 말 같지 않아? 잘못했어, 안 했어?"

마침내 재희는 울음을 터뜨리고, 그런 아이를 보는 엄마의 마음
은 복잡하다. 이제 겨우 일곱 살이니 그러려니 해야 하는 건지, 더
늦기 전에 버릇을 고쳐야 하는 건지…. 타일러도 때려도 안 되는 아
이를 어떻게 해야 할지 답답해서 견딜 수가 없다.

재희 마음속에서는 지금…

"엄마! 난 엄마 말 못 들었어요. 만화가 너무 재미있어서 엄
마 말이 잘 들리지 않았단 말이에요."

"엄마가 어른이 말씀하실 때 대답 안 하면 혼내준다고 해서
대답부터 한 거예요. 그게 왜 잘못이에요?"

"엄마, 난 이 만화 보고 싶어요. 시간 지나면 다 끝나버리잖아요."

"엄마는 한꺼번에 너무 많은 걸 시켜요. 텔레비전 그만 봐라,
옷 갈아입어라, 씻어라, 책 봐라…. 할 게 너무 많아서 뭐부터
해야 할지 모르겠어요."

현재의 흥밋거리에만 몰두하는 시기예요

이 시기의 아이들은 어느 한 가지에 빠지면 주위를 둘러볼 여유가 없다. 그래서 좋아하는 텔레비전 프로그램을 보다가 엄마가 지시하는 내용을 따르는 것이 쉽지 않다.

"네~" "알았어!" 즉흥적인 대답을 습관적으로 해요

하고자 하는 마음이 없으므로 엄마가 뭐라고 하든 습관적으로 대답만 한다. 좋아하는 만화를 포기하고 엄마가 지시하는 일을 하는 것보다 엄마의 제재를 피해 만화를 보고 싶은 욕구가 더 크다.

자신이 해야 하는 일에 대한 책임감이 부족해요

이 시기에는 아무래도 자기가 해야 하는 일에 대한 책임감이 부족하다. 따라서 엄마가 시키는 일이 모두 부당하다고 느낄 수도 있다. 일상적으로 반복되는 일들에 대한 정보가 저장되지 않으므로 해야 하는 일보다는 하고 싶은 일 쪽에 무게중심이 실려 있다.

행동을 되돌아보지 못해요

재희 또래의 아이들은 엄마가 어떤 얘기를 했는지 정확하게 기억하지 못한다. 때문에 엄마에게 매를 맞으면서도 왜 맞는지 이유를 알지 못하고 괜히 맞는다고 생각할 수 있다. 할 일을 못한 반성보다 매를 맞았다는 반감이 더 크다. 그래서 부모의 지시를 듣지 않으려는 태도가 더 강해지는 것이다.

주의력이 떨어지고 집중 시간이 연령마다 달라요

주의력과 집중력이 떨어지는 이 시기에는 집중 가능한 시간이 일반적으로 나이의 다섯 배 정도다. 즉 네 살이라면 20분 정도 집중이 가능하고 두 살이라면 한 번에 10분 정도 가능하다. 또 집중 시간은 아이의 성향에 따라 달라진다. 그리고 주어진 과제나 장소, 처한 환경에 따라 달라지기도 한다. 따라서 저 좋아하는 게임이나 만화를 볼 때는 1시간도 좋고 2시간도 좋고 꼼짝 안 하던 아이가 책을 읽을 때는 5분도 안 돼 하품을 하고 몸을 들썩거리는 것이다. 주의력이나 집중력에 문제가 있다고 생각되면 정확한 진단을 위해 전문가의 상담을 받는 것이 좋다.

전문가 상담이 필요한 경우도 있어요

아이의 행동이 다음에 자주 해당된다면 6장의 '주의력결핍과잉행동장애' 편을 살펴보고, 전문가의 상담을 받아볼 필요가 있다.

1. 물건을 잘 흘리고 잘 잃어버리는 아이

2. 잠시도 가만 있지 못하고 뛰어다니며 소란스러운 아이

3. 자주 멍들고 찢기고 넘어지는 등 자기 몸 관리가 제대로 안 되
   는 아이

4. 말참견하고 매사 서두르는 아이

5. 놀다가 밥 먹다가 책 보다가 이것저것 늘어놓고 한 가지에 집
   중 못하는 아이

6. 앉아서 책 한 권을 제대로 못 보는 아이

아이의 눈과 귀를 붙잡으세요

이 시기의 아이들은 시각과 청각을 동시에 자극해야 집중이 빠르다. 재희의 경우 가장 바람직한 해결 방법은 엄마가 주방에서 나와 아이와 눈을 맞추고 해야 할 일을 얘기해 주는 것이다. 이는 눈과 귀를 동시에 자극함으로써 집중하게 하는 방법이다. 할 일은 간단하게 일러주되 즉시 시작할 수 있도록 도와준다.

해야 할 일, 할 수 있는 일을 적어서 생활 계획표를 짜요

생활 계획표를 만들어 일상적으로 반복되는 일을 적는다. 공부는

몇 시부터 몇 시까지, 놀이터에서 친구들과 노는 것은 몇 시, 저녁 식사는 몇 시 등 매일 하는 일의 목록과 시간을 적어두면 올바른 생활습관을 형성하는 데 도움이 된다. 계획표를 짤 때는 아이와 의논하는 것이 좋다. 아이와 의논 없이 부모가 일방적으로 계획을 세우면 아이의 자발성을 떨어뜨리게 되므로, 반드시 아이와 의논해 스스로 지킬 수 있는 계획을 세워야 한다.

끝내는 시간을 분명하게 정해주세요

할 일을 말할 땐 "큰 바늘이 6에 올 때까지 하자" "엄마가 저녁상을 차릴 때까지 다 끝내자"는 식으로 구체적인 시간을 알려주자. 정해진 시간 안에 할 일을 마치면 성취감을 더 크게 느낄 수 있다.

할 일을 끝냈으면 아낌없이 칭찬하고 격려해주세요

정한 시간 내에 할 일을 끝낸 아이는 만족감과 함께 자신이 책임감 있는 아이라고 느끼게 된다. 이는 긍정적인 자아상을 만드는 데도 좋은 영향을 준다.

특히 부모의 칭찬과 격려는 아이에게 더 큰 성취감과 책임감을 느끼게 해주고, 자신감을 북돋워주므로 칭찬과 격려를 아끼지 않는 것이 좋다.

"너 엄마 말 안 들려? 엄마가 뭐라 그랬는데, 왜 대답도 없어?
엄마 말이 말 같지 않아?"

먼저 아이에게 다가가서 눈을 맞춘 다음, 아이의 마음을 알아주면서 해야 할 일에 대해 말해주세요.

"재희야, 지금 TV를 보고 싶어 하는 마음은 알아. 하지만 5분 후면 저녁을 먹어야 하니 지금 손을 씻으면 좋겠네."

Point 아이의 감정을 알아주면서 해야 할 일에 대한 정보를 제공한다.

친구들과 어울리지 못해요
. . .
사회성이 결여된 소심한 아이

다섯 살배기 동현이의 별명은 '엄마 꼬리'다. 쓰레기를 버리러 갈 때도 장을 보러 갈 때도, 심지어 화장실에 갈 때도 엄마의 치맛자락을 꼭 쥔 채 따라다니기 때문이다.

너무 집 안에서 혼자 놀아 그런가 싶어 한번은 아이를 데리고 놀이터로 나가본 적이 있다. 놀이터에는 동현이 또래의 아이들이 미끄럼도 타고 술래잡기도 하면서 하하 호호 신나게 놀고 있었다. 그러나 동현이는 그런 아이들 틈에 섞이지 못하고 여전히 엄마 곁을 맴돌 뿐이었다.

보다 못한 엄마는 술래잡기하는 아이들 틈에 동현이를 끼워 넣었다. 그러나 움직임이 굼뜬 동현이는 자꾸 술래가 되더니, 결국 "재미없어. 안 할래" 하며 엄마 곁으로 돌아왔다.

엄마가 "친구들이랑 재미있게 놀지, 왜 엄마한테 자꾸 오는 거야?" 하고 말하자, 동현이는 갑자기 닭똥 같은 눈물을 뚝뚝 흘렸다. 술래잡기에 계속 져서 원통한데, 엄마가 몰라주니 속이 상했던 모양이다.

그날 이후 동현이는 놀이터 근처에도 가지 않으려 한다. 좀 있으면 유치원도 보내야 하는데, 이렇게 친구들과 어울리지 않으려 하니 엄마는 걱정이 이만저만이 아니다.

동현이 마음속에서는 지금…

"엄마, 난 처음 보는 애들하고는 같이 못 놀겠어요. 잘 모르는 애잖아요."

"다른 애들은 힘도 세고 달리기도 잘하는데, 나는 그 애들만큼 잘할 자신이 없어요. 그 애들이랑 놀면 괜히 놀림감이 될 것 같아서 같이 놀기 싫어요."

"애들이랑 노는 것보다 엄마랑 같이 있는 게 더 좋아요. 엄마랑 있으면 잘하지도 못하는 거 억지로 하지 않아도 되고, 놀림도 안 받으니까요."

기질적인 차이예요

아이들은 보통 4세쯤 되면 혼자 밖에 나가, 또래 친구와 어울려 놀 수 있다. 그러나 소극적인 기질을 타고난 아이들은 낯선 환경에 적응하는 데 좀 더 어려움을 느낄 수도 있다. 이런 아이들을 억지로 집 밖으로 떠밀어 활발하게 놀기를 강요하면 아이는 스트레스를 받게 된다.

과보호 때문에 주도성이 결여될 수 있어요

부모가 아이를 지나치게 보호해서 집 안에서만 생활하게 되면, 아이는 바깥 놀이에 소극적이 될 수밖에 없다. 경험이 없기 때문에 놀이터에서 놀거나 친구들과 어울릴 때 주도적으로 놀 수도 없다. 이런 경우 아이는 자발적인 즐거움을 느낄 수 없으므로 더욱 바깥 놀이를 기피하게 된다.

공간 지각력, 운동 협응력이 부족해요

4세가 되면 운동 능력이 발달하여 30센티미터 높이에서 뛰어내리거나 혼자 그네를 탈 수 있게 된다. 그러나 운동 능력이 늦게 발달하는 아이들은 손과 발을 동시에 움직이는 운동 협응력이 떨어져 놀이 기구 타는 데 두려움을 느낄 수도 있다.

한편, 5세까지는 공간을 지각하는 능력이 충분히 발달하지 못하여 집 밖의 낯선 환경에 공포심을 느낄 수 있는데, 이로 인해 바깥 놀이에 소극적이 되기도 한다.

생각을 바꿔요

바깥 놀이는 재미있고 매력적이라는 생각을 갖도록 단계적으로 접근하자. 아이가 혼자 나가지 않으려고 하면 부모가 함께 나가서 조금씩 경험해보게 한다. 먼저 놀이터에서 친구들이 노는 것을 구경하며, 어떻게 노는지 관찰하게 한다. 아이가 익숙해졌다 싶을 때 친구들에게 접근해서 함께 어울려 놀도록 한다. 그리고 다음에는 어떤 놀이에 도전할 것인지 예상하고 얘기를 나눈다.

자기 주도성을 키워주세요

주변 환경과 운동 능력에 대한 자기 주도성을 키워주자. 활동하기 편한 옷을 입혀 마음껏 뛰놀게 하고, 서투른 모습이 보이더라도 꾸짖지 말고 신나게 논 것에 대해 칭찬한다. 매일 새로운 놀이에 도전하게 하고, 격려해주자. 그러나 칭찬이나 격려가 과도하면 자기 주도성이 지나쳐 뭐든지 자기 마음대로 하는 아이가 될 수 있으므로 주의하도록 한다.

친구들과 어울리는 경험을 갖게 해주세요

놀이터에서 만난 친구나 유치원 친구들을 집으로 초대하거나 친구들 집을 방문해서 함께 어울리게 해보자. 친구들과 어울려 신나게 놀다 보면 차츰 친구들과 노는 즐거움을 알게 되고, 바깥 놀이에 대한 두려움도 사라질 것이다.

아이는 어른의 거울, 부모가 먼저 달라져요

아이들이 소극적이고 소심한 성격으로 자라는 데는 부모의 영향도 무시할 수 없다. 부모의 성격이 소심하면 아이도 낯선 사람들과 어울릴 기회를 갖기 힘들다.

부모가 사람들과 어울리기 싫어하면서 아이는 밖에 나가 친구들과 잘 어울리기 바라는 것은 어미 게가 새끼 게보고 똑바로 기라고 하는 것과 같다. 아이의 소극적인 성격이 거슬리거나 사회성을 키워주고 싶다면 부모가 먼저 밖으로 나가 이웃들과 관계를 맺어보자. 부모의 모습을 보면서 아이도 자연스럽게 또래 친구들과 어울리게 될 것이다.

이런 말은 하지 말아요

"너 바보야? 몇 살인데 아직도 엄마 뒤만 졸졸 따라다녀? 저리 못 가?"

이렇게 말해요

"동현이 오늘 보니까 어제보다 미끄럼 잘 타더라. 이젠 덜 무서워하는 거 같던데? 그렇게 자꾸 연습하면 조금씩 더 잘할 수 있어. 엄마가 도와줄게. 같이 연습해보자."

Point 아이의 긍정적인 행동을 칭찬하여 자신감을 갖게 한다. 언제라도 도움을 주는 부모가 곁에 있다는 것을 알게 한다.

관절염에 걸린 달팽이 같아요

· · ·

행동이 느린 아이

현이 엄마는 유난히 행동이 굼뜬 아이 때문에 하루에도 몇 번씩 복장이 터진다. 여섯 살배기 현이의 느린 행동은 아침부터 엄마를 지치게 한다. 일어나는 데 30분, 목욕탕까지 가는 데 20분, 치약 짜는 데 10분, 이 닦는 데 20분, 세수하는 데 20분…. 그나마 엄마가 따라다니면서 고래고래 소리를 지르기에 망정이지 아마 그대로 두면 하루 종일 이불 속에서 뒹굴 게 뻔하다.

옷을 입을 때도 어찌나 꾸물대는지 모른다. 제가 무슨 패션 모델이라도 되는지 이 옷 입었다, 저 옷 입었다…그대로 놔두면 옷장 안의 옷을 모두 꺼내어 입어볼 태세다.

사정이 이렇다 보니 제 시간에 유치원에 가는 날은 가뭄에 콩 날 정도다. 번번이 유치원 버스를 놓치니 엄마가 아이를 유치원에 데려

다줘야 한다.

　매일 아침 이렇게 아이와 실랑이를 벌이다 보니 아이를 유치원에 데려다주고 돌아올 즈음 현이 엄마는 녹초가 된다.

　"애가 움직이는 걸 보면 꼭 관절염 걸린 달팽이 같아요. 어찌나 꾸물대는지…. 보고 있으면 정말 화가 나요. 도대체 왜 그러는지 모르겠어요. 아직 어려서 그런 건지, 아니면 제가 버릇을 잘못 들인 탓인지…. 어리니까 이해를 해야 하나 싶기도 하지만 애가 움직이는 걸 보면 화를 참을 수가 없어요. 어떻게 하면 아이가 좀 빠릿빠릿해질 수 있을까요?"

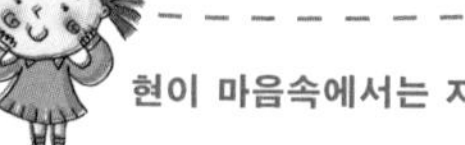

　"왜 자꾸 빨리 서두르라고 재촉하는지 모르겠어요. 좀 늦게 일어나면 안 되나요? 잠도 덜 깼는데 꼭 지금 아침밥을 먹어야 해요? 좀 있다 먹으면 안 되나요?"

　"난 열심히 하고 있는데 왜 자꾸 야단을 치는지 모르겠어요. 양치질을 깨끗하게 하려고 구석구석 이를 닦고 있는데 엄마 눈엔 하기 싫어서 미적거리는 걸로 보이나 봐요. 엄마, 저는 여섯 살밖에 안 된 어린이예요. 어른들처럼 빨리빨리 잘 할 수는 없단 말이에요."

타고난 성격이에요

아이들 중에는 기질적으로 좀 느린 경우가 있다. 기질적으로 느린 아이들은 다른 아이들에 비해 사물을 이해하고 대처하는 데 좀 더 많은 시간이 걸린다. 따라서 반응이 느리게 나타날 수 있다. 이런 아이들은 주위에서 서두르거나 다그치면 상황에 대한 판단력이 흐려져서 우왕좌왕하게 된다.

시간 개념이 부족해요

많은 부모들이 아이의 능력을 제대로 알지 못해서 실수를 저지른다. 일례로 부모들은 매일 반복되는 일과를 아이가 스스로 알아서 할 수 있다고 생각하고, 잘 하기를 기대하는데 이는 무리한 바람이 아닐

수 없다.

부모들은 이 시기 아이들이 시간 개념이 제대로 형성되어 있지 못하다는 사실을 알아야 한다. 시간 개념이 부족하므로 매일 반복되는 일들의 순서도 기억할 수 없고, 몇 시에 해야 하는지는 더더욱 알지 못한다는 것을 이해해야 한다.

보호가 지나치면 잔소리로 들려요

아이를 보호하고 잘 하게 하려는 생각에 지나치게 잔소리를 하는 경우가 있다. 부모의 이런 태도는 아이에게 반발심을 불러일으킨다. 부모의 지시가 잔소리로 여겨지기 시작하면 아이들은 부모의 말을 듣지 않게 된다. 귀를 닫은 것처럼 무시하거나 더욱더 느리게 행동하기도 한다.

아이에게는 아침 시간이 부담스러워요

요즘에는 늦게 자고 늦게 일어나는 올빼미 부모가 많다 보니 아이들 또한 늦게 자고 늦게 일어나는 악순환이 반복될 수 있다. 따라서 아이가 아침에 일어나기 힘들어하는 것은 당연하다. 몸이 지치면 행동도 의욕적으로 하기 더 힘들어지고 더 느리고 처지게 될 것이다.

한 시간씩 앞당겨 생활해요

가족의 생활 주기를 한 시간씩만 앞당겨보자. 한 시간 일찍 자고 한 시간 일찍 일어나면 아이도 부모도 한결 여유를 갖고 하루를 시작할 수 있다.

기분 좋게 아침을 맞게 해요

감미로운 목소리나 부드러운 마사지로 아이를 깨워보자.

"우리 현이 잘 잤니? 이제 일어날 시간이네. 엄마가 팔다리 주물러줄게. 어때? 시원하지?"

엄마가 다정하게 깨우면 아이는 아침에 눈뜨는 일이 즐거워지고, 새롭게 시작하는 하루에 대한 기대가 싹틀 것이다.

한 번에 한 가지씩 지시해요

"일어나서 세수하고 양치하고 밥 먹고 옷 입고 머리 빗고 신발 신고 인사하고 유치원에 가자."

이런 식으로 쭉 나열하면 아이들은 너무 많은 일을 해야 할 것 같은 부담감에 짓눌리게 된다. 어른들 입장에서 보면 매일 아침 반복하는 일이라 아이가 다 알 것 같지만, 아이들은 매일 반복되는 일과를 기억하지 못한다. 한 번에 한 가지씩 짧은 문장으로 얘기하자.

성공에 대한 자부심을 느끼게 하세요

양치질을 하거나 옷을 입으면 비록 부모가 도와서 해냈더라도 아이 스스로 성공했다는 점을 강조하며 칭찬하자. 어떤 일에 성공한 경험은 아이에게 자부심을 갖게 하고, 의욕을 북돋워준다.

아이의 행동에 관대해지세요

아이들은 종종 자기만의 세계에 빠진다. 그럴 때 아이들은 멍하니 생각에 잠기거나 행동이 느려지기 마련이다. 자기만의 세계에 빠지는 아이들의 속성을 이해하도록 하자.

이런 말은 하지 말아요
"현이 눈떴니? 빨리빨리 일어나. 아직도 안 일어났니? 너? 또 지각하려고 그래? 한 대 맞기 전에 빨리 안 일어나!"

이렇게 말해요
"아침이네. 우리 현아 무슨 꿈 꿨나? 오늘은 해님이 아주 따뜻하구나. 그리고 현아 좋아하는 종이접기 하는 날이네? 자, 준비하자."

Point 잠을 깨울 때는 부드럽게! 할 일은 재미있게 하도록 동기를 부여한다.

책 읽기 싫어하고 놀기만 좋아해요
. . .
부모와 성격이 다른 아이

재석이 아빠는 휴일을 맞아 모처럼 나들이를 계획하고 있다. 책을 좋아하는 아빠는 재석이와 함께 서점에 가서 책도 읽고, 감상을 나눌 생각이다.

"재석아! 아빠랑 서점에 가자."

"서점이요?"

"그래. 아빠가 재미있는 책도 골라주고, 맛있는 것도 사줄게. 좋지?"

그러나 웬일인지 재석이는 대답이 없다. 얼굴을 보니 영 못마땅한 표정이다.

"왜? 아빠랑 서점 가기 싫어?"

"아빠, 난 아빠랑 공놀이 하고 싶어요. 그냥 놀이터에 가서 공놀이 하면 안 돼요?"

"공놀이? 아빠 공놀이 별론데…. 힘들고 덥고 귀찮기만 한 게 뭐가 좋아."

"다른 아빠들은 공놀이도 같이 잘해주는데…."

"재석아, 아빠 다른 아빠들과 달라. 그 아빠들은 운동을 좋아하니까 그러겠지만 난 운동 안 좋아해. 운동보다는 책 읽고 생각하는 게 더 좋아. 그러니까 공놀이는 나중에 친구들이랑 하고, 오늘은 아빠랑 서점 가자."

재석 아빠는 아들을 설득하려고 애쓴다. 그러나 재석이는 막무가내다.

"안 갈래요. 난 서점 싫어요."

"아니, 도대체 넌 누굴 닮아서 그렇게 책 읽는 걸 싫어하냐? 책이 얼마나 유익한데…. 답답해 죽겠네."

아빠는 운동만 좋아하고 책을 멀리하는 재석이를 볼 때마다 걱정도 되고 화도 난다. 아빠와 엄마는 모두 책을 좋아하는데 재석이는 어째서 책을 싫어하는지 이해가 안 된다.

"아빠만 계획을 세운 게 아니에요. 나도 계획이 있었다구요. 아빠랑 공놀이하면서 놀고 싶었는데, 갑자기 서점에 가자고 하니 당황스러워요."

"난 아빠한테 공놀이 잘한다고 칭찬받고 싶었어요. 그래서 더 열심히 연습했는데, 아빠는 내가 공놀이 잘하는 게 하나도 대견하지 않나 봐요."

"아빠는 진짜 이상해요. 다른 집 아빠들은 공놀이도 하고 놀이터에서 미끄럼틀도 같이 타주는데 아빠는 왜 시시하게 서점 같은 데나 가자고 하는 거예요? 아빠도 다른 집 아빠들처럼 놀아주셨으면 좋겠어요."

"아빠는 자꾸 책만 읽으라고 하는데, 난 책이 싫어요. 가만히 앉아 있으면 답답해 몸이 자꾸 들썩거리고 졸려서 싫어요. 난 가만히 앉아 있는 것보다 나가서 뛰어노는 게 더 좋단 말이에요."

일방적인 계획은 좋지 않아요

자녀의 나이가 어리다고 해서 부모가 일방적으로 계획을 세우고 강요하는 것은 좋지 않다. 아이도 나름대로 욕구가 있는데 갑자기 부모의 생각을 강요하면 아이는 불만을 가질 수밖에 없다. 결국 서로가 다르다는 사실만 확인하면서 더욱 멀어질 수 있다.

같은 유전자라도 각기 다른 모습이 있어요

자녀가 나와 100% 일치할 거라는 생각은 환상일 뿐, 아이들은 아이들만의 모습으로 살아간다. 내 부모와 나는 기질이나 성격이 같았던가 한번 생각해보자. 일란성 쌍둥이도 성격이 다르다는 점을 기억하자.

몸을 움직이며 밖에서 뛰어노는 것이 더 건강해요

몸을 움직일 수 있는 아이들이 바깥에서 노는 활동을 좋아하는 것은 당연하다. 이 시기 아이들은 자신의 신체 능력이 나날이 향상되고 있음을 부모에게 보이고 인정받고 싶은 마음이 있다. 부모가 쉬고 싶다는 이유만으로 아이를 집 안에만 머물도록 강요한다면 아이는 부모에게 인정받지 못한다는 생각을 할 수도 있다.

아이들은 아빠와 놀고 싶어해요

아이들은 아빠가 축구나 숨바꼭질도 같이 하고 놀이터에서 놀이기구도 같이 타주기를 기대한다. 이런 기대치를 아빠가 충족시켜주지 않으면 아이는 욕구 불만에 빠지게 되고, 더더욱 밖에 나가서 놀기를 고집하게 된다.

시간을 정해서 서로의 요구를 들어주세요

기질이나 성격이 다른 데서 오는 차이로 고민한다면 먼저 서로 원하는 것을 모두 말한 다음 서로 양보해서 함께 할 수 있는 방법을 찾아본다. 예를 들어 "1시간 동안 밖에서 공차기를 하고, 집에 들어와서는 1시간 동안 책을 읽자"는 식이다. 이렇게 원하는 것을 하나씩 주고받으면 아빠와 아들, 모두 만족할 수 있다.

아이에게 단점을 보이는 것에 겁먹지 마세요

아빠는 절대로 전지전능한 신이 아니다. 아들이 자신의 약한 모습이나 운동을 못하는 것을 보고 실망할지 모른다고 겁먹지 말자. 운동을 못하거나 싫어한다는 이유로 아들과 놀아주지 않으려 한다면 아들 또한 하기 싫거나 못하는 것은 당연히 안 해도 된다고 생각할 수 있다. 아들이 아빠보다 운동도 잘하고 몸놀림이 빠른 것은 전혀 부끄러운 일이 아니다.

과정도 중요하지만 결과에 대한 경험을 나누는 것도 중요해요

서로 원하는 바를 들어주고 만족스럽게 마쳤다면 결과에 대해 나누는 과정을 반드시 거친다. 이 과정에서 서로의 다른 성격이나 기질을 인정하게 되고 나름대로 장점이 있음을 깨닫게 된다. 어떻게 시작하는가도 중요하지만 일을 마친 후에 경험을 나누는 것 또한 중요하다.

함께 계획을 세워요

일방적인 계획은 그 내용이 아무리 좋아도 반발을 불러일으킬 수 있다. 아이에게 도움이 되는 계획을 실천하고 싶다면, 먼저 아이와 의논하도록 하자. 이때 부모의 의견을 설득하려고만 하지 말고 아이의 욕구를 이해하고 받아들이면서 서로가 동의하는 방향으로 이끌어내는 지혜가 필요하다.

"아빠는 오늘 서점에 가서 책을 샀으면 하는데, 재석이 생각은 어때? 넌 뭘 하고 싶니?"

이런 말은 하지 말아요

"넌 대체 누굴 닮아서 그러니? 네 형은 안 그러잖아. 닮은 구석이라곤 하나도 없네. 네 맘대로 할 거면 혼자 살아! 알았어?"

이렇게 말해요

"재석아, 아빠는 재석이와 책을 읽었으면 좋겠고, 재석이는 아빠와 축구를 하고 싶어하네. 음… 그러면, 우리 어떻게 하면 좋을까?"

Point 아빠와 아이가 원하는 것이 다르다는 것을 알려주면서 합의점을 찾아가는 과정을 경험하게 한다.

2장

우리 나이엔 다 그렇다구요!

어느 날 개미와 토끼와 기린이 코끼리를 보았습니다.
각자 집으로 돌아간 개미와 토끼와 기린은 식구들에게 코끼리를 설명합니다.
개미가 말합니다.
"코끼리는 나무 껍질처럼 빳빳한 벽이야."
토끼가 말합니다.
"코끼리는 아주아주 큰 기둥이야."
기린은 말합니다.
"코끼리는 기다란 코에 뚱뚱한 몸집을 가졌어."

눈높이가 다르면 바라보는 세상도 다릅니다.
네 살배기는 네 살의 눈높이로 세상을 바라보고 행동하는 것이 자연스러운 일입니다.
아이의 행동을 이해하려면 아이의 눈높이를 가져야 합니다.

고래 힘줄보다
더 질긴 고집쟁이예요
· · ·
주도성을 키우는 시기

오늘도 정민이는 키에 닿지도 않는 장롱을 열어보겠다고 발 뒤꿈치를 들고 열쇠를 끼웠다 뺐다 한다. 한두 번 하다 안 되면 그만 둘 법도 한데 지치지도 않는지 계속 반복하고 있다. 땀을 뻘뻘 흘리는 아이의 모습이 안쓰러워 엄마가 열쇠 여는 것을 도와주자 아이는 울음을 터뜨린다. 제가 해야 하는데 엄마가 했다고 화가 난 것이다.

요즘 들어 이런 행동이 부쩍 늘었다. 뭐든지 제가 하겠다고 고집을 부리고 들어주지 않으면 마구 떼를 쓴다. 밥을 먹을 때 자기가 먹겠다고 고집을 부리다가 식탁이며 방바닥을 엉망으로 만들기 일쑤고, 지난 일요일에는 자기가 사진을 찍어주겠다고 고집을 부리다가 카메라를 떨어뜨려 고장을 내기까지 했다.

하루에도 열두 번씩 틈만 나면 이렇게 고집을 부려대니 엄마는 너무나 피곤하다. 타일러도 통하지 않고 매를 들어도 통하지 않으니 도대체 어떻게 해야 할지 막막하다.

"나도 엄마처럼 해보고 싶어요. 엄마가 하는 행동은 다 재미있어 보이거든요. 그런데 엄마는 자꾸 못하게 해요. 재미있는 걸 혼자만 하려고 해요."

"나도 이제 스스로 할 수 있어요. 밥도 혼자 먹고 신발도 혼자 신을 수 있다구요. 그러니까 자꾸 아기 취급하면서 도와주지 마세요. 난 이제 아기가 아니란 말이에요."

"엄마는 밥알을 많이 흘린다고 자꾸 먹여주고, 신발을 거꾸로 신는다고 자꾸 신겨주려고 하지만, 처음부터 잘하는 사람이 어디 있어요? 조금만 연습하면 나도 잘할 수 있다구요."

"집에는 신기한 물건이 너무 많아요. 냄비 뚜껑도 신기하고, 엄마 화장품도 신기하고, 아빠 담배도 신기해요. 난 신기한 물건을 갖고 노는 게 참 재미있어요. 그런데 엄마는 내가 그런 물건을 갖고 노는 걸 싫어해서 자꾸 빼앗고 치워버려요. 그리고 장난감만 갖고 놀라고 하는데, 장난감은 시시하단 말이에요. 왜 엄마는 재미있고 신기한 물건을 못 갖고 놀게 하는 걸까요?"

호기심, 탐색의 욕구가 가장 활발한 시기예요

아이가 네 살쯤 되면 돌아다니면서 이것저것 만져보기 마련인데, 이러한 행동들은 모두 걷기가 가능해지면서 나타나는 호기심과 탐색하고 싶은 욕구의 결과다. 손발을 움직이는 데 전혀 불편함이 없다는 것을 깨달았기 때문에 이동의 자유를 마음껏 누리면서 스스로의 호기심을 충족하고 있는 것이다.

같은 행동을 반복하면서 익숙해지는 거예요

아이가 같은 행동을 반복하기 때문에 부모의 눈으로 보자면 같은 실수를 계속해서 하는 것으로 비칠 수 있다. 하지만 아이는 잘할 수 있을 때까지 스스로 노력하는 중이라는 걸 잊지 말자.

나르시시즘에 빠지는 시기이기도 하죠

인지적으로 미숙해 행동의 인과 관계를 알지 못하는 2~3세의 아이들은 뭐든지 다 할 수 있다는 착각에 빠져서 자신의 능력을 신격화한다. 떼쓰거나 울음을 터뜨릴 때 부모가 요구 사항을 들어주는 것을 경험하며 '내가 원하는 건 뭐든지 할 수 있다'는 나르시시즘에 빠지기도 한다. 때문에 아이는 자신도 부모처럼 뭐든지 잘할 수 있다고 착각하여 이런저런 행동을 하게 된다. 하지만 몸놀림이 서툴기 때문에 부모의 눈에는 말썽을 피우는 것으로 보일 수 있다.

자유로운 탐색을 도와주세요

아이가 다치거나 베일 것을 염려해서 집 안 전체를 깔끔하게 치워놓고 아이들에게 안전한 장난감만 주면 아이들은 호기심을 갖고 탐색할 수 있는 자유를 빼앗기게 된다. 아이들은 냄비 뚜껑을 들고 두들기며 소리를 배운다. 숟가락을 들어보며 물건을 집는 손아귀 힘을 늘린다. 따라서 아이가 만져서 위험한 물건들은 치워야겠지만 보고 만질 수 있는 생활 관련 물건들은 그대로 두는 것이 좋다.

집중하고 있다면 방해하지 마세요

누구든 시행착오는 있기 마련이다. 아빠 엄마도 처음부터 모든 것을 잘하지는 않았다는 사실을 기억하자. 아이가 낑낑거리며 열중하고 있다면 어설퍼 보이더라도 혼자 할 수 있는 시간을 주자. 혼자 해보려고 집중하고 있는 아이에게 답답하다며 먼저 손을 잡아주지 말자. 훈수를 두는 순간, 아이의 호기심은 50%씩 반감한다는 사실을 명심하라.

호기심과 주도성을 키운다는 이유 때문에 모든 일을 허용해야 할까? 지나친 주도성은 오히려 아이의 자기중심적인 성향만 극대화시킬 수도 있다. 허용할 수 있는 호기심과 절대로 허용되지 않는 제한을 아이에게 알려주자. 자연스러운 통제와 제재는 아이의 사회성 발달에 긍정적인 영향을 미친다.

이런 말은 하지 말아요

"하지 마! 엄마가 이거 비싼 거라고 했지? 망가지면 어떡할 거야? 위험하니까 하지 말라고 했잖아? 넌 애가 왜 그렇게 제멋대로야? 조그만 게 가만히 있지 못하고 왜 그래?"

이렇게 말해요

"정민이가 사진을 찍어보고 싶구나. 자! 이렇게 보고 여기를 누르면 사진이 찍힌단다. 이건 작고 여려서 조심스럽게 다뤄야 되는 거야."

Point 아이에게 사물을 보여주고 어떻게 다뤄야 하는지를 알려줌으로써 아이 스스로 자신의 행동을 통제하도록 돕는다.

자기 몸을
친구들에게 보여줘요

· · ·

성에 대한 호기심이 많은 시기

여섯 살 영철이는 평소 활달하고 친구들과도 잘 어울려 놀아 인기가 많은 남자 아이다. 유치원에서도 자기보다 어린 동생들을 잘 돌보고 선생님 말씀을 잘 들어 귀여움을 받고 있다. 그러던 영철이가 어느 날 뜻밖의 행동을 했다.

같은 반 친구 미희 앞에서 바지를 벗고 자신의 성기를 보여준 것이다. 그리고 내 것을 봤으니 네 것도 보여달라며, 낮잠 시간에 함께 이불을 덮고 자자고 했다.

이 광경을 목격한 선생님은 몹시 당황했다. 이런 일을 처음 당해서 어떻게 해야 할지 고민이었던 선생님은 마침내 아이들 앞에 영철이를 불러냈다.

"영철아, 아까 미희한테 바지를 벗고 보여주던데 친구들한테도

한 번 보여줄래?”

선생님이 친구들 앞에서 얘기하자 영철이는 얼굴만 붉히고 서 있
었다.

“영철아, 친구들 앞에서 옷을 벗으라고 하니까 부끄럽지? 그러니
까 미희도 네가 바지 벗는 것을 보고 창피했을 거야. 우리 몸은 소중
하니까 아무 곳에서나 벗으면 안 되는 거야, 알았지?”

친구들과 영철이에게 성에 대한 얘기를 해주었지만 선생님은 이
와 같은 경험을 해본 일이 없어서 잘 가르친 것인지 고민스러웠다.

‘혹시 다른 친구들 앞에서 옷을 벗도록 얘기한 것이 아이의 마음
에 더 큰 상처를 준 것은 아닐까? 부모님께 얘기해야 할까? 잠깐 호
기심에 한 행동을 크게 부풀린 것은 아닐까? 아이들에게 성적인 관
심은 창피한 것이라는 편견을 갖게 한 것은 아닐까?

선생님은 고민 끝에 상담소를 찾았다.

영아들도 스스로 신체를 자극하며 놀아요

자신의 신체를 스스로 자극해서 즐거움을 느끼는 행동은 영아기부터 나타난다고 볼 수 있다. 이러한 자위행위가 영아기부터 발견된다고 주장한 사람이 프로이트다. 엄마 젖을 빨 때 맛보는 쾌감을 느끼기 위해 손을 빨거나, 몸을 만지면 즐거운 미소를 짓는 것, 목청을 울리면서 쾌감을 느끼는 것도 최초의 자위행위라는 것이다.

2세부터는 생리적인 차이에 관심을 두기도 해요

2~4세 정도가 되면 남자와 여자의 생리적인 차이에 관심을 나타낸다. 엄마와 아빠가 소변을 보는 모습에서 차이를 발견하고 같이 따라 해보기도 한다. 병원놀이, 소꿉장난과 같은 놀이를 통해서 하는 옷 벗기나 서로 만지고 떠밀고 하는 신체적인 접촉 등은 이러한 성적 호기심을 드러내는 행동으로 볼 수 있다.

성과 관련된 행동을 하는 시기예요

　5~6세 정도가 되면 아이들은 성에 대한 관심이 많아지고 직접적이든 간접적이든 성과 관련된 행동을 많이 보이기 시작한다. 결혼에 관심을 보이고, 아기는 어디에서 오는지 임신과 출생에 대해 질문을 많이 하는 것도 이 시기다. 어른을 흉내 내는 등 성과 관련된 구체적인 행동을 하기도 하는데, 부모는 성인들의 행동과 같은 뜻으로 생각해서 깜짝 놀라고 걱정한다. 그러나 아이들의 성적인 행동은 어른들과 다르다. 대개는 신체적 발달과 인지 발달에서 비롯된 자연스러운 발달 과정인 것이다. 그렇다고 아이의 모든 성적인 행동을 발달 과정에서 나타나는 것이니까 괜찮겠지 하며 무심하게 지나쳐서는 안 된다. 이러한 행위에 숨어 있는 중요한 발달적 의미를 이해할 때 자녀를 더욱 잘 지도할 수 있기 때문이다.

아기는 어디서 오는지 구체적으로 고민하는 시기예요

　5~6세가 되면 아이의 인지 능력이 어느 정도 발달하게 된다. 이러한 인지적 호기심이 지각 발달을 자극하면서 많은 것을 배우게 된다. 따라서 아이의 성적인 궁금증도 좀 더 많아지고 자신의 궁금증을 행동으로 옮겨보기도 한다. 어른을 흉내내고 결혼에 관심을 보이며 아기는 어디에서 오는지, 임신과 출생에 대해 질문을 많이 하는 것도 이 시기다.

성기에 관심이 집중되는 시기예요

5~6세가 되면 특히 남성과 여성의 신체적인 차이, 성인과 아이의 신체적 차이에 관심을 보이기 시작한다. 나이에 따라 성적 관심이 집중되는 신체 부위도 달라진다. 영아기에는 입, 걸음 마시기에는 항문을 거쳐서 성기에 관심이 집중하는 것이다. 성기는 남성과 여성을 구별해주는 아주 특징적인 부분이다. 따라서 아이들이 성과 관련된 신체 부위를 직접적으로 가리키기도 한다. 또 아이들이 성기의 명칭을 부르며 놀이처럼 즐기는 것을 볼 수 있다. 영철이와 같이 자신의 성기를 보여주는 행동 역시 이 시기의 아이들에게는 있을 수 있는 행동이다.

성인용 비디오나 뽀뽀하는 어른들을 보고 따라 해요

유아들은 주변의 좀 더 나이가 많은 사람이나 성인의 모습을 보고 따라 하기도 한다. 비디오나 영화, 드라마 등에서 본 모습을 흉내 낼 수도 있다.

이때 무조건 아이를 다그치게 되면 아이는 수치심이나 죄의식을 갖게 된다. 그에 따른 불안함과 감정적 스트레스 때문에 더욱 성적인 행위에 집착하고 반복하게 만들 수도 있다. 뿐만 아니라 이는 죄책감으로 이어져 사춘기 이후까지 무의식적인 갈등의 원인이 될 수 있다.

호들갑 떨지 말고 자연스럽게 받아들여요

아이들이 자기 몸을 친구들에게 보여주는 것을 발견하면 놀라지 말고 자연스럽게 받아들이도록 한다. 성교육을 할 수 있는 좋은 기회라고 생각하자. 어른들의 표정과 말 한마디에서 아이들은 충격을 받는다. 자신의 성기를 보여준 아이나 이를 본 아이의 행동을 자연스럽게 받아들여 이에 대해 설명해주는 모습을 보여주자. 아이들은 부모의 그런 모습에서 성적인 관심이 자연스러운 발달 과정의 일부라는 사실을 깨닫게 될 것이다.

정확한 설명이 필요해요

영철이의 경우 조용히 불러 잘못된 행동을 지적해 주고 허용 정도와 행동의 제한을 알려주어야 한다. 더불어 미희에게 사과할 기회를 주도록 한다. 미희에게는 영철이의 행동이 잘못된 것임을 분명히 알린다. 그리고 영철이의 행동을 용서하도록 하는 것이 필요하다.

겉으로 드러난 행동이 아니라 속마음을 읽어주세요

부모는 아이의 자위행위를 걱정하는 일이 많다. 자위행위는 대체로 소극적이고 자기 의사 표현이 서툰 아이들에게서 자주 나타난다.

이런 아이들은 자신의 마음을 확실하게 표현하지 못하고 우연한 기회에 알게 된 자위행위에 의지할 수도 있다. 때문에 아이가 자위행위를 반복적으로 하는 것을 발견했다면 자위행위 자체만 꾸짖지 말고, 드러나지 않은 아이의 속마음을 먼저 어루만질 필요가 있다.

성에 관한 질문에 성의 있게 대답해주세요

아이가 성에 관해 간단하게만 묻거나 질문을 하다가 그만두는 일이 있다. 이는 아이가 처음 성에 관해 질문을 했을 때 부모가 보인 반응 때문이기도 하다.

성에 관한 아이의 질문에 "나중에 얘기해줄게" "크면 저절로 알게 된다"고 무시하면 아이의 호기심과 궁금증은 더 커지기 마련이다. 부모에게 물어도 더 이상 답을 얻을 수 없다는 생각이 들면 아이들은 다른 곳에 가서 호기심을 해결하려고 한다. 문제는 그 정보가 성을 왜곡하는 지식이거나 단지 육체에만 국한된 성지식일 수 있다는 것이다. 이런 경우 성은 추하고 숨겨야 하는 것으로 받아들일 수 있다. 즉 부모 몰래 아이들끼리만 수군대는 놀이 정도로 받아들여 음지에서 즐기게 되는 것이다.

아이가 갖는 성적인 관심을 드러낼 수 있게 하세요

아이가 성에 관련된 질문을 언제나 쉽게 할 수 있도록 자연스러운 분위기를 만들어주는 것이 좋다. 성교육은 어느 시기를 잡아서 한 번에 설명해준다고 끝나는 것은 아니다. 생활 속에서 언제나 어떤 식의 궁금증이든 질문을 하고 대화를 나눌 수 있는 분위기가 마련되어야 한다.

이런 말은 하지 말아요

"넌 커서 뭐가 되려고 그러니? 어디서 함부로 바지를 벗고 보여줘? 너 그거 어디서 배운 못된 버릇이야? 그럴 거면 왜 옷은 입고 다녀? 아예 벗고 다니지. 너 또 그럴 거야?

이렇게 말해요

"영철이는 친구에게 고추 보여주는 게 재미있구나. 그런데 고추는 남에게 보여주거나 보여달라고 하는 것이 아니야."

Point 아이가 재미있어하는 마음은 알아주면서 해서는 안 되는 것에 대해서만 단호하게 금지한다.

아이의 성 발달과 관련해서 생각할 몇 가지

성과 놀이 : 아이들은 의사놀이나 병원놀이 등 자신의 몸을 친구에게 보여주는 놀이를 하기도 한다. 이는 아이의 기본적인 욕구를 놀이라는 상징적인 매체를 통해 자연스럽게 표출하고 충족시키는 행동이다. 그러나 방문을 닫고 놀거나 노출 정도가 심한 경우 관찰이 필요하다.

성과 목욕 : 2~3세 정도로 어릴 때는 이성의 부모와 함께 목욕을 하면서 성의 차이와 신체의 구조에 대한 자연스러운 학습이 이루어지기도 한다. 나와 다른 성에 대한 거부감도 줄일 수 있는 이점이 있다. 5~6세로 성장한 경우에는 이성의 부모보다는 동성의 부모와 목욕을 하는 것이 바람직하다. 이 시기에는 자기 성에 대한 특성과 역할, 중요성에 대해 알려준다. 동시에 타인의 성도 지켜져야 한다는 것을 가르치면 아이들은 효과적으로 배우게 된다.

성과 잠자리 : 가능하면 5~6세에는 부모와 떨어져 자는 것이 좋다. 초기 아동기에 부모의 잠자리를 목격한 경험은 부모가 싸우는 것으로 오해할 소지가 있다. 또는 일방적으로 한쪽 부모가 피해를 입고 있는 것으로 잘못 지각해 공포를 느끼기도 한다. 이런 기억은 이후 발달에 영향을 줄 수도 있다.

성과 질문: 성에 관한 질문은 아이의 발달 수준에 따라 달라진다. 따라서 아이의 발달 상태를 고려하여 알맞은 설명을 해주어야 한다. 성과 관련한 질문을 전혀 하지 않거나 무관심한 것도 그리 좋은 것만은 아니다. 아이가 전혀 질문을 하지 않는다면 부모가 먼저 물어보면서 생각을 함께 나눌 수도 있다. 그러나 아이가 묻지 않은 내용에 대해서는 지나치게 상세히 설명해주지 않아도 된다.

뭐든지 잘 잃어버려요
· · ·
한 번에 한 가지만 생각하는 시기

여섯 살 영수는 유치원에 가면 하루에 한 가지씩 흘리고 오는 게 있다. 어제는 지우개, 오늘은 가위, 신이 나서 들고 갔던 가방을 잃어버리고 오기도 한다. 장난감이나 책을 들고 갔다 집에 올 때는 빈손으로 온다. 어떤 날은 신발까지 놓고 온다.

오늘도 영수는 빈손으로 터덜터덜 걸어오면서 천하태평인 얼굴로 엄마를 바라본다.

"엄마, 왜?"

"아침에 엄마가 비 올 것 같다고 비옷 줬잖아. 그거 어디에 두고 왔어?"

"어? 그랬어? 음… 잘 모르겠는데!"

결국 아이 손을 잡고 유치원에 가서 찾아 헤맨 끝에 놀이터 구석에서 아이의 비옷을 찾아냈다. 그제야 아이는 자기가 비옷을 놓고 왔다는 걸 깨달았는지 먼 곳을 바라보며 딴청을 피운다.

자기 물건을 제대로 챙기지 못하는 영수 때문에 엄마의 스트레스는 날로 쌓여간다.

"엄마, 크레파스 없어요."

"엄마, 어제 놀았는데 레고가 없어졌어요."

"엄마, 신발이 안 보여요."

"엄마, 연필이 하나도 없어요, 찾아주세요."

하루에도 수십 번씩 잃어버린 물건을 찾아달라고 엄마를 불러대니 인내심의 한계를 느낀다. 다른 아이들은 제 물건을 척척 잘도 챙기던데 왜 우리 애만 이러는 건지, 혹시 무슨 이상이 있는 건 아닌지 걱정이다.

영수 마음속에서는 지금…

"오늘은 꼭 가져오려고 했는데 친구가 말을 시켜서 잊어버렸어요. 늦었다고 빨리 가야 한다고 서두르다 보니 잊고 그냥 와 버렸어요."

"엄마, 왜 물건에는 발이 없어요? 발이 있으면 나를 따라서 집에 같이 올 텐데…. 그럼 엄마한테 혼나지 않아도 되잖아요."

아이들은 '지금'에 머물고 있어요

아이들이 이렇게 무엇을 잘 잃어버리는 것은 한 번에 한 가지밖에는 못하기 때문이다. 아이들의 사고는 현재 진행형이다. 지금 읽고 있는 책, 지금 얘기하고 있는 로봇, 손에 들고 있는 무당벌레. 이렇게 아이들은 현재 자신이 겪고 있는 일에만 주의를 기울일 수 있을 만큼 주의력의 폭이 좁다. 손을 움직이면서 머릿속으로는 다른 일을 계산하는 어른들과는 다르다.

외부의 자극에 민감해요

주의력이 부족한 이 시기에는 사소한 외부의 자극에도 크게 반응한다. 한참 울고 있는 아이에게 뜬금없이 비디오나 로봇 얘기를 하

면 언제 울었냐는 듯 신나게 재잘거리는 것도 이 때문이다. 그래서
자신이 해야 할 일이나 챙겨야 할 물건들을 쉽게 잊어버린다.

상상과 공상의 세계로 여행하는 시기예요

때로는 엉뚱하고 때로는 생각이 없는 아이처럼 매번 물건을 잃어
버리고 다니지만, 자신만의 세상에서 열심히 활동하고 있다. 이 시
기의 아이들이 자기 공상에 빠져 있는 것은 나쁘지 않다. 그러나 과
유불급이라고 공상이 지나치면 현실성이 떨어진다. 부모가 잔소리
나 채근으로 아이 행동을 꾸짖는다면, 아이는 잘 하려는 마음에 긴
장하고 있다가 또다시 실수를 하게 된다. 그러면 자신을 자책하면서
계속 공상에 빠져들 수 있다.

자신에게 중요한 것이 뭔지 몰라요

부모의 지나친 관심으로 물질적으로 언제나 풍족하고 유치원 준
비물 등 무슨 일이든지 부모가 다 챙겨주고 해결해준다면 아이는 자
신에게 중요한 것들이 무엇인지 잘 알지 못한다. 생각하고 기억해야
할 필요 없이 무엇이든 '엄마'만 부르면 해결되기 때문이다. 이렇게
부모에게 지나치게 의존하는 아이로 자라면 물건을 잃어버리는 것
에 그치지 않고 자신이 얼마나 소중한 아이인지도 모르게 된다.

토큰 경제법을 활용하세요

아이가 할 일이나 꼭 잊지 않고 가져와야 하는 물건 하나를 미리 정한다. 합의한 일을 했거나 물건을 잘 가져온 날은 스티커를 붙여 표시해 놓는다. 일주일 동안 잘 지켜서 스티커가 일곱 장이 되면 아이가 원하는 작은 선물을 받을 수 있게 한다. 약속을 지키면 적절한 보상이 따른다는 것을 알게 하는 토큰 경제법은 의외로 효과가 크다. 약속한 일을 해냈을 때는 아낌없는 칭찬과 격려로 아이의 기를 살려주는 것도 잊지 말자.

"오늘은 잊지 않고 가져왔네. 어떻게 해서 잊지 않았니? 참 대견하다."

"네가 잊지 않으려고 무척 신경을 썼구나. 아! 그런 방법으로 기억을 했어?"

"오! 손바닥에다 표시를 해놓고 보면 되겠구나."

이렇게 아이가 어떻게 해서 성공하게 되었는지, 그 과정을 아이에게 되돌려주면서 격려해주고 그러한 반복 과정에서 아이 스스로 숙지할 수 있게 한다.

이런 말은 하지 말아요

"넌 왜 만날 잃어버리고 엄마한테 찾아달라는 거야? 넌 하는 짓마다 왜 그렇게 멍청하니? 도대체 몇 번을 말해야 알아들어? 너 낳고 미역국을 먹다니, 한심하다, 한심해"

이렇게 말해요

"너의 사물함을 봐!"

Point 짧게 얘기함으로써 아이 스스로 자기 물건에 대한 책임감을 갖도록 돕는다.

화를 참지 못해요
· · ·
행동이 과격해지는 시기

"엄마! 엄마! 재구가 또 내 장난감 가져갔어!"

"재구야! 이건 형아 거잖아. 빨리 줘!"

"엄마! 재구 좀 데려가!"

오늘도 어김없이 재식이의 입에서 비명 소리가 터져 나온다. 언제나 씩씩하고 지나치리만큼 활발한 재구와 그런 동생에게 치여 항상 울음 섞인 소리를 토해내는 재식이 때문에 엄마는 하루도 마음 편한 날이 없다. 엄마는 활발하고 생기 넘치는 재구의 성격이 마음에 들면서도 뭐든지 자기가 먼저 하고 다 하려고 욕심을 부리는 모습을 보면 절로 한숨이 나온다.

언제나 형의 물건을 독차지하면서도 어쩌다 형이 자신의 장난감을 만지기라도 하면 재구는 폭발한다. 형을 때리고 소리를 지르고 온 집안을 들쑤셔놓는다. 화가 나면 형을 때리는 재구를 엄마는 달래보기도 하고 회초리도 들었다. 하지만 아이의 행동은 달라지지 않는다. 그런 재구를 보며 재식이는 "엄마, 차라리 재구가 없어졌으면 좋겠어!"라고 말하기도 한다. 그런 형의 마음을 아는지 모르는지 재구는 여전히 집 안에 있는 모든 것을 제 것이라고 우긴다.

엄마는 뭐든지 형이 먼저라는 것을 알려주고 싶다. 세상에는 내 것도 있지만 남의 것도 있다는 사실을 알려주고, 다른 사람에게 양보하면 마음이 더 여유로워지는 것을 경험하게 하고 싶다. 하지만 막무가내인 재구를 어디서부터 어떻게 가르쳐야 할지 막막하고 답답하다.

"어? 내가 먼저 만졌으니까 내 건데 왜 형이 갖고 있는 거야? 이건 내 거란 말이야."

"엄마! 형이 내 것을 빼앗았는데 왜 나만 혼내요?"

"왜 내가 형과 나눠 써야 해. 난 내 물건을 남이 만지는 게 싫어. 혼자 쓸 거야."

자기만의 기준으로 세상을 보고 있어요

이 시기의 아이들은 자기만의 기준으로 세상을 바라보고 이해한다. 즉 내가 즐거우면 좋은 것이고 나를 화나게 하는 일은 나쁜 것이 된다.

따라서 형의 장난감을 빼앗아 노는 것은 즐거운 일이고, 자기 장난감을 갖고 가서 노는 형의 행동은 나쁜 짓이 된다. 이때 혼이 나게 되면 나쁜 짓을 한 형은 혼내지 않고 죄 없는 자신만 야단친다고 생각하게 되는 것이다.

내 것에 대한 소유욕이 강해요

현재 자신의 장난감이 형의 손에 있는 것만 생각하고, 몇 분 전에 자신이 형의 장난감을 가지고 놀았던 것은 기억에 없다. 이러한 과정들이 반복되면 자신만이 피해자라는 억울함을 갖게 된다.

마음을 다스리는 힘이 약해요

상황에 대한 이해도 부족하고 남을 배려하기도 힘든 시기다. 자기 뜻에 어긋나면 쉽게 화를 내고 억지를 부린다. 감정을 조절하는 능력이 약한 시기로 쉽게 억울해하고 그 감정에 사로잡혀 과격해진다.

상황에 대한 충분한 설명이 필요해요

자신의 잘못이나 현재의 상황을 좀 더 폭넓게 바라볼 수 있도록 충분히 설명해준다. 우선은 아이의 공격적인 행동을 중단시키고, 아이의 화를 진정시키는 것이 필요하다. 만일 진정하지 못하면 아이의 양팔을 붙잡아 겨드랑이에 붙이면서 이렇게 말해보자.

"우리 재구가 화가 많이 났나보네. 형이 재구 장난감을 가지고 있어서 기분이 나빴어?"

"응!"

"그랬구나. 형이 재구 장난감을 가지고 있어서 기분이 나빴구나."

아이의 감정이 누그러지는 것 같으면 상대방의 입장에서 생각해볼 수 있는 아이의 경험을 얘기해주는 것이 필요하다.

"그런데 지난번에 형은 제일 좋아하는 로봇을 재구가 가지고 놀아도 된다고 허락해줬는데, 기억 나?"

"응, 기억 나."

"그때 재구도 형한테 고맙다고 했잖아."

"응!"

"형이 로봇을 양보해주니까 기분 좋았지? 그러니까 재구도 형한테 장난감을 양보하면 형도 재구한테 고맙다고 얘기하겠지? 그럼 재구도 기분 좋아질 거야."

이처럼 아이가 상대방의 입장에서 생각해보게 하면 자신만이 피해자가 아니라 형이 자신을 위해 배려해주었다는 것을 알게 된다.

타임아웃과 생각 의자를 활용해요

충분히 설명해도 진정되지 않는다면 타임아웃과 생각 의자를 활용한다. 상황 종료를 알리는 타임아웃을 불러 행동을 멈추게 한다. 그리고 집 안 한쪽 구석에 말없이 앉아 생각 할 수 있는 의자를 마련해둔다. 생각 의자에서 5~10분 정도 조용히 앉아 있게 하여 아이의 감정을 누그러뜨린다. 그런 후에 아이가 스스로의 행동을 되돌아볼 수 있는 기회를 준다.

엄격하고 단호한 태도를 보이세요

생각 의자를 이용할 때는 부모의 단호하고 엄격한 태도가 중요하다. 간혹 벌을 서고 있는 아이의 모습이 안쓰러워 부모의 마음이 쉽게 풀어지기도 하는데, 이렇게 되면 야단치는 효과가 없다. 오히려 아이가 다른 바람직한 행동을 배울 기회를 빼앗는 결과가 된다.

이런 말은 하지 말아요

"또 성질이야? 어디서 성질을 부리고 있어? 너 정말 엄마한테 혼나볼래? 빨리 방으로 들어가!"

이렇게 말해요

"형이 네 장난감을 만지는 게 싫은 거로구나. 네 장난감이 망가질까 봐 걱정이 돼서 화가 난 거였네."

또는, 아이의 흥분이 좀처럼 가라앉지 않는다면 이렇게 말하세요.

"잠깐, 네 마음을 진정시키기 위해 저기 생각 의자에 10분 동안 앉아 있는 게 좋겠다."

Point 감정을 먼저 읽어주고 금지 행동에 대해서는 단호하게 얘기한다.

성장 발달과 함께 공격성도 자란다

(만)연령	공격성
2세 이전	• 6개월 된 영아도 팔을 흔들고 발로 차고 등을 구부리는 것으로 화를 표현한다. • 특정 대상을 향해 화를 낼 수 있는 것은 아니다.
2~3세	• 공격적인 행동이 나타난다. • 외부 대상에게 공격적인 의도로 행동할 수 있지만 그 행동이 상대방을 아프게 할 수 있다는 생각은 하지 못한다.
3~4세	• 공격성이 최고조에 다다른다. • 특정 대상에게 화를 내며 그를 아프게 하려는 의도가 있다. • 발차기, 물어뜯기, 때리기, 비명지르기 등 거칠고 다듬어지지 않은 행동을 보인다.
4세 이후	• 신체를 직접 때리는 행동은 줄어든다. • 욕하기, 말싸움하기, 거절하기 등과 같은 언어적 · 심리적인 공격이 늘어난다. • 친구에게 한 대 맞은 것보다 모욕당했다고 느끼는 감정에 더 큰 상처를 받는다.

3장

저한테 신경 좀 써주세요!

어른들은 마음에 상처를 입으면
상처를 입었다고 말하고, 화를 내고, 힘든 표정을 짓습니다.
그러나 아이들은 말로 표현하거나 화를 내는 대신
손톱을 물어뜯고, 잠을 설치고, 오줌을 쌉니다.
아이의 행동이 마음에 들지 않는다고 무조건 나무라지 마세요.
아이가 원하는 건 훈계가 아니라 관심이니까요.

나하고만 놀아줘요!
· · ·
관심을 원하는 아이

직장 일을 마치고 집에 들어서자 큰아이 영채가 유난스레 엄마를 반긴다. 유치원에서 뭘 배웠는지, 숨이 턱에 차도록 설명을 한다. 그리고 제가 한 것을 봐달라고 손을 잡아끈다. 저녁 준비에다 작은아이도 봐줘야 하는 엄마는 슬슬 귀찮다는 생각이 든다.

"영채야, 이제 영우도 봐줘야지. 아까부터 동생이 엄마를 기다리고 있잖아."

하지만 영채는 엄마의 말은 아랑곳하지 않고 이것저것 보여주며 저만 봐달라고 떼를 쓴다.

"엄마, 오늘은 이것도 했어요. 제가 만든 거 멋있죠? 그림도 제가 그린 거예요. 예쁘죠?"

타일러도 말을 듣지 않자 엄마는 큰 소리 지르며 화를 낸다.

“지금까지 너만 봐주느라 동생은 못 봐줬잖아! 너무하지 않아? 어린 동생 생각은 아예 없는 거야? 넌 언니가 돼서 대체 왜 그러니?”

아이 표정은 이내 굳어지고 엄마 눈치를 살피더니 작은방으로 건너간다.

“이게 다 동생 때문이야! 영우만 없으면 엄마가 나랑 놀아줄 텐데….”

동생 때문에 엄마한테 혼났다며 툴툴거리는 소리가 들린다.

엄마는 영채의 행동이 너무 야속하기만 하다. 지금까지 많은 시간 놀아주었건만, 끝없이 자기만 봐달라고 보채는 아이가 얄밉기까지 하다. 큰아이 영채에게 해준 것과 비교하면 둘째 영우는 제대로 안아주지도 못해서 미안한 마음뿐인데, 부모 속을 몰라주는 영채가 너무 야속하고 밉다.

영채 마음속에서는 지금…

“난 아직도 엄마한테 할 얘기가 많아요. 보여주고 싶은 것도 많단 말이야. 엄마, 나도 봐주세요.”

“엄마는 내 마음도 모르고… 영우 손만 잡고 있잖아요! 엄마, 이제 내가 싫어요? 영채는 밉고 영우만 예쁜 거예요?”

자기중심적인 시기예요

이 시기의 아이들은 내가 행복하면 다른 사람들도 당연히 행복하
다고 생각한다. 또 내가 불행하면 세상 모두가 불행하다고 생각하는
자기중심적인 사고 체계를 갖는다. 자기중심적이라는 것은 세상의
흐름이 자신을 중심으로 이루어진다고 생각하는 사고방식이다. 그
래서 자신이 느끼는 것을 엄마도 똑같이 느낄 것이라고 확신한다.
엄마의 상황이 어떻든 자기만 기분이 좋으면 된다고 생각해서 자기
가 원하는 대로 하기를 원한다.

말이 통한다고 알아서 할 수 있는 건 아니에요

말문이 트이지 않던 아기가 말을 하고 의사소통이 원활해지면 엄
마는 자기도 모르게 기대를 하게 된다. 말하지 않아도 엄마 마음을

알아줄 거라는 착각에 빠지는 것이다. 그러나 말을 하고 대화가 가능해졌다고 해서 갑자기 어른이 되는 건 아니다. 일곱 살은 어디까지나 어린아이일 뿐, 엄마가 말하지 않으면 엄마가 처한 상황을 알아줄 수 없는 나이다.

동생이 생겼다고 저절로 양보심이 생기는 건 아니에요

동생이 태어나면 부모는 큰아이에 대해 착각하게 된다. 어제까지 아기로 보이던 아이가 더 이상 아기로 보이지 않는 것이다. 그래서 언니다운 행동, 형다운 행동을 요구한다. 그러나 부모의 이런 바람은 가당치 않다. 동생이 태어났다고 해서 저절로 양보심이 생길 수는 없는 일이다. 일곱 살은 외동이든 맏이든 여전히 엄마의 손길을 필요로 하는 나이일 뿐이라는 것을 기억해야 한다.

아이의 감정을 알아주세요

하루 종일 보고 싶었던 엄마를 만나게 되어 반가워하는 아이의 마음을 알아주자.

"엄마가 보고 싶었구나. 엄마도 영채가 많이 보고 싶었어."

자신의 감정을 알아주는 엄마에게 아이는 심리적인 안정을 느낄 수 있다.

엄마의 현재 상황을 설명하세요.

자기중심적인 사고에서 벗어나게 하는 가장 좋은 방법은 엄마의 현재 상황을 보다 객관적으로 볼 수 있도록 설명하는 것이다. 일하고 와서 피곤한데다 저녁까지 먹지 않아서 배가 고픈 엄마의 상황을 설명하자.

"일하고 와서 배가 고프니까 엄마가 씻고 밥 먹을 수 있게 40분만 주겠니? 그러고 나서 엄마랑 영우랑 1시간 동안 재미나게 놀자."

놀이 시간을 준비하고 마무리할 수 있게 5분 전에 미리 알려주세요

아이와 놀기로 시간을 약속했다면 5분 먼저 일러준다. "5분 후에 엄마랑 30분 동안 같이 놀자"는 식으로 아이에게 예고를 해서 엄마와 함께 놀 수 있게 준비하는 시간을 준다. 또한 약속한 놀이 시간이 끝나간다면 5분 전에 미리 알려준다. "우리가 약속한 놀이 시간이 이제 5분 남았네"라고 말해 아이에게 엄마와의 놀이를 마무리할 시간 여유를 준다.

동생을 돌보는 일에 큰아이를 동참시켜요

아이와 함께 놀기로 약속한 시간이 지나면 동생도 엄마를 기다리고 있었다는 것을 일깨워주자. 그리고 동생을 돌보는 일에 큰아이를 동참시켜보자. 예를 들어 다 쓴 기저귀를 버리거나 젖병을 가져오게 하는 등 심부름을 시키는 것이다. 심부름을 하고 나서 칭찬을 해주면, 자신이 동생을 돌보았다는 자부심과 함께 책임감을 갖게 된다.

사랑과 우애를 배우게 하세요

큰아이는 부모를 혼자 독점했던 시기를 경험했기 때문에 동생이 생겨도 여전히 그 독점권을 갖고 싶어한다. 정신분석의 대가 프로이트의 딸인 안나 프로이트는 "형제들은 서로 사랑하고 있지 않다. 형제가 서로 사랑하는 것은 자라면서 배우기 때문이다. 이것을 가능하게 하는 것은 같은 부모의 자녀라는 이유 때문이다"고 했다. 서로를 더 배려하고 사랑하며 형제자매 간의 우애를 돈독하게 하는 것은 부모의 몫이라는 얘기다.

존중받고 있다는 것을 느끼게 하세요

자녀의 감정을 이해하고 읽어줌으로써 아이 스스로 존중받고 있다는 것을 느끼게 하자. 예를 들어 엄마와 함께 더 놀고 싶어서 조르는 아이에게는 "더 놀고 싶은가 보구나. 하지만 엄마는 지금 배가 고

프고 동생도 엄마를 기다리고 있는데 어떻게 하면 좋을까?” 하는 식
으로 먼저 아이의 감정을 알아준 다음, 질문을 던져 해결할 수 있는
방법을 함께 찾아본다. 부모가 자기 감정을 알아주면 아이는 존중
받고 있다는 확신을 갖게 되어 자존감이 높아진다.

이런 말은 하지 말아요

“엄마가 영채랑 한 시간이나 놀았는데, 뭘 더 놀아달라는 거야?
동생도 저렇게 기다리고 있는데, 넌 양심도 없니? 언니가 돼가
지고 뭘 만날 너만 해달래. 넌 어떻게 된 애가 너만 생각하니?
네 방에 들어가지 못해!”

이렇게 말해요

“엄마랑 더 놀고 싶구나. 엄마도 그랬으면 좋겠는데, 우리가 같
이 놀기로 약속한 한 시간도 다 지났고, 엄마는 저녁도 먹어야
하고 동생도 저렇게 엄마를 기다리고 있네. 엄마가 어떻게 하면
좋을까?”

Point 상황을 설명하고 아이의 선택과 판단을 이끌어낸다.

친구들을 자꾸 때려요

. . .

마음이 슬퍼
공격적으로 행동하는아이

일곱 살 경수의 유치원 생활은 파란만장하다. 이유 없이 친구들을 때려서 선생님께 야단맞고 벌을 서는 날이 많다. 어느 날에는 친구들 주변을 맴돌기만 한다. 친구들과 함께 하는 놀이에 끼지도 못한 채 한쪽 구석에서 쓸쓸하게 혼자 놀기도 한다. 어떤 때는 좋아하던 친구를 '바보' 라고 놀리며 집요하게 쫓아다니기도 한다.

집에서도 경수는 동생에게 전혀 관심이 없는 것처럼 행동한다. 옆에 동생이 있거나 없거나 상관없이 제 할 일만 하고 혼자서 장난감을 갖고 논다. 가끔 동생이 놀자고 조르면 한 번씩 놀아주는데 그때마다 심하다 싶게 때리거나 장난삼아 목을 조르고 등을 밟는 등 심하게 대한다. 결국 동생을 울리고 나서야 그만둔다.

동네에서도 유명 인사로 통하는 경수 때문에 엄마는 전화벨 소리만 울려도 가슴이 두근거린다. 동네에 잠깐 외출할 때도 뒤통수가 따가워서 볼 일만 보면 곧바로 집에 들어온다. 이웃집 엄마들과 수다도 떨고 싶지만 경수에 대한 말이 어떻게 나올지 몰라서 포기한 지 오래다. '혹시 오늘도 경수가…?' 엄마는 하루하루가 불안하다.

"엄마가 힘들까 봐 난 엄마한테 매달리지도 못하는데 동생은 울고 떼쓰고 엄마한테 안기잖아요. 엄마를 힘들게 하는 동생이 정말 싫어요."

"엄마도 친구들도 나를 싫어하잖아요? 모두들 나만 보면 얼굴을 찡그려요. 그래서 마음이 슬퍼져요. 슬플 땐 어떻게 해야 좋을지 모르겠어요."

"모두들 내가 하는 일은 관심도 없잖아요. 속상하지만 나도 참고 있는데 왜 먼저 건드려요? 다 필요 없어! 나 혼자 있을 거예요."

마음이 불안정해요

일곱 살 정도가 되면 부모의 인정에 민감해진다. 또래들과 자신의 능력을 비교해서 예민해지기도 한다. 조그만 일에 실패해도 스스로의 능력을 의심하며 엄마가 싫어할 거라고 단정 짓는다. 평소 무심한 듯 보이는 엄마의 태도를 자신을 싫어하는 것이라고 생각해서 과격한 행동을 하기도 한다. 그러다 정반대로 소심하고 위축된 모습을 보이기도 한다.

화를 표현하는 방법을 몰라요

마음으로부터 우러나오는 위로나 무엇을 하든 안정적으로 지지를 받은 경험이 없는 아이들이 있다. 이렇게 자신의 감정을 수용받은 경험이 없으면 갑자기 치밀어 오르는 감정을 조절하고 처리하는 데 미숙할 수밖에 없다. 상대방에게 감정을 전달하거나 마음을 표현해본 경험이 없기 때문에 하는 행동에도 일관성이 떨어지고 기복이 심해진다. 친구들을 놀리고 비아냥거리는 행동 역시 공격적인 양상의 한 특징이다. 평소 자신의 욕구와 감정을 제대로 인정받지 못하고 만족스럽게 충족한 경험이 없는 억눌린 아이들은 쉽게 화를 내고 짜증을 낸다.

혹시 엄마, 아빠가 짜증을 달고 살지 않나요?

아이들은 환경의 영향을 많이 받는다. 즐겁고 신나는 음악을 듣고 자란 식물이 아무 소리도 듣지 않고 자란 식물보다 성장도 빠르고 싱싱함을 오래 유지한다는 실험 결과가 있다. 식물도 환경의 영향을 받는데 하물며 아이들은 어떨까? 매일 짜증을 내는 엄마, 아빠의 모습이 아이의 감정에 영향을 미치는 것은 당연한 일이다. 자녀는 엄마, 아빠의 행동과 마음을 보여주는 거울이라는 점을 명심하자.

마음이 우울해도 화내고 신경질 내요

어른들은 우울할 때 무기력하거나 슬픈 표정을 지어보이지만 아이들은 그렇지 않다. 아이들은 신경질을 내고 예민하며 까탈을 부린다. 주변 사람들에게 더 거칠고 과격한 행동을 보이기 때문에 속마음을 이해받고 위로받기는커녕 더 소외되거나 위축되기 쉽다.

아이가 얘기할 때 눈을 맞추세요

때로는 아이가 하는 말에 귀를 기울이기만 해도 아이를 지지하고 존중한다는 느낌을 전해줄 수 있다. "그랬구나" "속상했겠다" "네 마음은 어땠어?"라는 간단한 말로도 부모에게 사랑과 인정을 받고 있다는 강한 확신을 줄 수 있다. 화가 나거나 마음을 주체할 수 없을 때는 언제라도 부모에게 얘기할 수 있다는 믿음을 주자.

욕구를 충족할 수 있는 기회를 만들어주세요

하고 싶은 일이나 갖고 싶은 물건이 있을 때 말로 표현하게 한다. 언어적인 표현만으로도 감정을 충분히 표현할 수 있다는 것을 알려준다. 얘기를 듣고 나서 원하는 일을 할 수 있도록 허락한다.

아이의 권위를 인정해주세요

아이의 행동을 보면서 자신에 대해 뿌듯함을 느낄 수 있도록 인정하는 표현을 많이 해준다.

"아빠를 도와드리는 모습을 보니, 아주 의젓해 보이는구나."

"그건 형 거니까 형의 허락을 먼저 받는 게 좋을 것 같다. 형이 결정할 수 있단다."

"동생을 잘 돌봐줘서 고맙다. 덕분에 청소를 금방 끝낼 수 있었단다."

경수에게 구체적인 행동을 지적하여 인정해줌으로써 큰아이로서의 권위를 부모에게 인정받고 있다는 느낌을 전해주는 것이 중요하다.

"넌 왜 항상 말썽만 부리고 다녀? 네 동생을 봐라. 얼마나 얌전하고 말을 잘 듣니? 넌 집안의 애물단지야. 너도 똑같이 맞아볼래?"

"친구가 먼저 너를 놀리니까 참을 수가 없었구나. 많이 속상했겠네. 그럴 때는 네가 화가 났다는 것을 말로 표현해야 친구가 네 마음을 알 수 있어. '네가 자꾸 놀리면 화가 나. 난 참을 수가 없다고. 그러니까 그만 놀려!' 라고 말해 봐."

Point 화나는 감정을 알아주고 감정을 표현할 다른 대안이 있음을 알려준다.

(만)연령	특징	
3~5세	• 다양한 신체 증상의 호소(대소변 지리기, 천식, 키도 잘 크지 않고, 배가 아프다고 한다.) • 밖에 나가 친구들과 어울려 놀기를 싫어한다. • 지나치게 활동적으로 움직이기도 하고, 때로는 너무 기운 없고 무기력해 보인다.	아이의 표정은 슬퍼 보이기도 하고 때로는 애처로운 눈빛을 하기도 한다. 짜증도 많아지고 몹시 까다로워지고, 침울해 보이기도 하는 등 아이의 감정이 불안정해 보인다.
	• 유치원 등에 가기를 꺼려하고 엄마와 떨어지는 것을 두려워한다. • 지나치게 공격적으로 행동하고 대답하지 않거나 싫다는 말도 없이 부모 말을 안 듣는다. • 자신을 위험하게 하는 행동(사고를 일으키거나, 머리 찧기 등)을 한다. • 밥 먹기를 힘들어한다. • 잠자는 데 어려움이 생긴다.	
6~8세	• 배가 아프다거나 짜증과 불평이 많아지는데 분명한 이유가 없을 때가 많다. • 그 외 행동 특징들은 더 어린 연령과 유사하나 거짓말이나 훔치기, 한 가지 사물에 대한 지나친 집착 등의 행동들이 나타나기도 한다.	아이의 우울한 감정은 더 오래 지속되어 까탈을 부리고 신경질적으로 반응하며, 때로는 침울한 감정들이 눈에 띄게 드러난다.

그 이불이 없으면 잠이 안 와요
· · ·
이불에 집착하는 아이

찬이는 잘 시간이 되면 꼭 이불을 끌고 온다. 아기 때부터 덮고 자던 이불을 여섯 살이 되도록 끌어안고 자야 한다. 늘 품에 안고 있어야 잠을 자는 통에 세탁도 제대로 할 수 없다. 시골 할머니 댁에 가려고 준비하면 세상 그 어느 귀중품보다도 더 소중하게 품에 끌어안는다.

찬이 할머니는 볼 때마다 "저 낡은 이불은 꼴도 보기 싫다. 얼른 내다버려라!"라고 성화를 하신다. 찬이는 혹시라도 할머니가 몰래 이불을 내다버릴까 싶어 "할머니, 찬이 거야, 찬이 이불 버리면 안 돼요" 하며 훌쩍거린다. 잠시라도 이불이 안 보이면 경기를 할 정도다. 이불이 더러워서 찬이 몰래 빨았다가 이불을 찾아내라며 밤새 잠을 안 자고 우는 바람에 온 가족이 밤잠까지 설친 적도 있다.

닳아빠진 이불을 끌고 다니며 애지중지하는 아이를 보면 엄마는 걱정이다. 부모의 사랑이 부족한 것도 아니고, 찬이가 하자는 대로 받아주며 키웠다고 생각했는데 왜 저렇게 이불만 끼고 사는지 알 수가 없다.

"엄마, 나만 그런 게 아니에요. 다른 애들도 그래요. 엄마는 왜 이불을 좋아하는 내 마음을 모르는 거예요?"

"이불이 없으면 밤이 무서운데 이불을 머리까지 덮고 있으면 하나도 안 무서워요."

"내가 아기 때부터 덮던 거니까 내 거잖아요. 그런데 왜 뺏어 가려고 해요? 그러니까 내 이불은 다른 데다 놓지 말아요. 이건 내 거야."

"엄마는 이불을 버리는 것처럼 나도 내다 버리려고 하는 거죠? 오래돼서 더럽다고 버리면 나도 안 씻고 더럽게 하고 있으면 분명히 쓰레기통에 날 버릴 거야, 그렇죠?"

찬이만 그런 게 아니에요

엄마에게 집중하고 몰두하던 아이가 엄마와 떨어질 무렵이 되면 인형이나 이불 등 특정 물건에 특별한 관심과 애정을 보이기도 한다. 이런 행동은 이 시기 아이들의 특징이라 할 수 있다.

어떤 아이는 물건에 몰두하는 정도가 미약해서 분명하게 알아차리지 못하고 지나가는가 하면 어떤 아이들은 물건에 유별나게 집착해서 부모가 곤혹스러워지는 경우도 있다.

집착을 보이는 대상이 다를 수도 있어요

이 시기의 아이들은 부모와 함께 있는 시간에는 부모의 신체 일부에 관심을 보이기도 한다. 부모의 팔을 베고 자거나, 살갗을 만지거나, 귀나 머리카락 등 특정 신체 부위에 몰두하는 행위들이 나타나는 것이다.

그러다 부모와 떨어져 있게 되면 자신이 가지고 있는 물건 중 한 가지를 특별히 아끼며 항상 곁에 두려고 한다. 늘 덮고 자던 이불, 베개, 담요를 비롯해서 수건이나 모자를 항상 끼고 다니거나 좋아하는 로봇이나 인형을 품에 안고 다니기도 한다.

독립하는 데 꼭 필요해요

이러한 집착은 애착 행동의 일종으로 볼 수 있다. 부모(엄마)와 공생적 관계를 유지해오던 아기가 부모와는 다른 독립된 개체임을 인식하고 스스로의 존재감을 형성해 나가는 과정에서 이루어지는 것이다. 때문에 어느 정도 시기가 지나면 자연스럽게 사라진다.

하지만 한편으로는 '상상의 친구'로 발전하는 모습을 보이기도 한다. 이야기 상대가 되어 아이의 속상함, 공상 등 속마음을 나누는 대상이 되기도 하는 것이다.

마음의 유일한 위안거리예요

준비할 시간 없이 갑작스럽게 부모와의 이별을 경험하거나 부모와의 믿음이 약해지면 물건에 대한 집착이 심해지는 불안 반응을 보일 수 있다.

이런 경우 이불에 대한 집착이 심해서 어디를 가든 갖고 다니고 다른 사람은 손도 못 대게 한다. 항상 이불이 보이는 곳에 있으려 하고 이불이 안 보이면 분노를 일으키며 난폭해지기도 한다. 집착이 너무 심하면 아동심리 전문가와의 상담을 통해 아이의 마음을 들여다볼 필요가 있다.

집착의 대상을 인정해주세요

아이가 지나치게 집착을 보이는 대상이 있다면 아이의 마음을 이해하고 인정해야 한다. 아이는 집착을 보이는 대상을 자신과 동일시하기 때문에 잘 관찰하면 아이의 마음을 알 수 있는 단서를 찾을 수도 있다.

"이불에서 어떤 냄새가 나는 거야? 그 냄새를 맡으면 기분이 얼마나 좋아지는 거지? 엄마도 한번 맡아볼까?"

"오! 이렇게 예쁜 인형 친구 이름은 뭐야? 오늘은 예쁜 친구가 뭐라고 해? 오늘 친구 기분은 어때? 기분 좋으면 함께 외출하자고 할까? 친구가 피곤하면 우리끼리 가도 된다고 해!"

함께 즐길 수 있는 새로운 놀이를 만들어주세요

"넌 왜 그 더러운 이불을 질질 끌고 다니는 거니? 더러워서 못 봐주겠다."

"인형이 무슨 말을 한다고 속삭이고 있는 거야?"

"왜 혼자 떠들어?"

이처럼 아이의 행동을 무시하거나 비난하지 말고, 혼잣말을 하며 노는 것보다 더 재미있고 흥미로운 놀이가 있다는 것을 알려주자.

다른 사람들과 교감을 나누는 놀이를 하다 보면 자연스럽게 집착으로부터 멀어질 수 있다.

'엄마는 내가 하는 일은 뭐든지 못마땅하게 생각할 거야!'

'엄마는 날 싫어하고 있어, 모든 사람들은 날 싫어할 거야!'

이와 같이 자기비하적인 생각이 굳어지지 않도록 아이의 마음을 헤아리자. 집착의 대상이 나타나는 것은 아이의 마음에 충분히 애착할 대상이 없을 때 보이는 심리적인 불안 현상이므로 충분히 사랑받고 있다는 확신을 주도록 하자.

품에 안고 등을 토닥여준다. 걸어갈 때도 손을 잡아준다. 이런 사소한 행동으로도 아이의 마음에 한 발짝 다가설 수 있다. 살을 맞대고 부비는 행동은 마음과 마음을 이어주는 기초적인 행동이다. 스킨십이 잦을수록 아이와 한 발 가까워질 것이다. 아이가 원하는 방식이 어떤 것인지 물어보는 것도 좋다. 이렇게 하루에 5분씩 아이의 마음에 다가서는 스킨십을 해보자.

"그 더러운 걸 또 끌고 나오니? 넌 언제 클래? 왜 항상 아기처럼 이불을 질질 끌고 온 집 안을 돌아다니는 거야? 이 냄새 나는 거 빨리 안 치워?"

"찬이 세수해야 하는데 이불은 어디에 둘까? 이불도 잘 기다릴 수 있게 이 옆에 접어둘까? 세수하면서 가까이서 볼 수 있게."

Point 아이가 집착하는 대상을 인정하고 가까이 두어 스스로 통제할 수 있는 가능성을 높여준다.

4장

부모님 책임은 없을까요?

어느 날, 엄마 게가 아기 게에게 말했어요.
"넌 왜 자꾸 옆으로 기는 거니? 좀 똑바로 기어봐."
그러자 아이 게가 말했어요.
"그러는 엄마는 왜 옆으로 기어요?"

아이의 행동이 못마땅하다고 아이만을 탓할 수 있을까요?
아이의 행동에 부모의 영향은 없었을까요?
아이는 부모를 흉내 내면서 자랍니다.
부모가 웃으면 아이도 웃고
부모가 찡그리면 아이도 찡그립니다.
아이의 행동이 마음에 들지 않는다면 부모의 행동에 문제는 없는지
자기 자신을 한번 되돌아보세요.

다 큰 애가 자꾸 소변을 지려요
· · ·
퇴행 행동을 보이는 아이

여섯 살 경태는 어찌나 순한지 아기 때부터 잘 먹고 잠투정도 심하지 않았다. 또래 남자 아이들에 비해 나대지도 않고 친구들하고 놀 때도 친구를 때리거나 장난감을 갖고 싸우는 일도 없었다. 너무 소극적인 거 아니냐는 걱정을 들을 정도로 아주 얌전한 아들이었다.

그런데 잠자리에서 실수 한 번 없던 아이가 요즘 들어 자주 실수를 한다. 자다가 이불에 오줌을 싸고, 친구들과 놀다가 바지에 싸기도 한다. 엄마는 다 큰 아이를 시간마다 깨워서 오줌을 누일 수도 없고 답답하기만 하다. 사정이 이렇다 보니 유치원에서 가는 캠프도 못 보내고 친척집에 놀러가도 자고 오는 것을 망설여야 했다.

처음에는 그럴 수도 있겠지 생각했다. 동생을 보고 나면 그 스트레스 때문에 실수할 수도 있다는 얘기를 듣고 그냥 넘어가려고도 했다. 그러나 밤마다 오줌으로 이불을 적시는 일이 반복되니 가뜩이나 아기 돌보느라 힘든 경태 엄마는 짜증이 났다. 둘째아이 때문에 밤새 잠도 못 자고 설쳤는데 아침에 이부자리에 그려진 지도를 보면 자기도 모르게 화를 내고, 소리까지 지르게 된다. 그러고는 풀이 죽은 경태의 얼굴을 보면 뒤돌아서서 '안 그래야지, 그러면 안 되는데…' 하고 후회를 한다. 하지만 오줌 싼 이불을 보면 화가 나는 건 어쩔 수 없다.

경태 마음속에서는 지금…

"오늘은 실수하지 않으려고 마음먹었는데도 또 오줌을 싸버렸어요."

"정말 나한테 실망스럽고 화가 나요. 나도 너무너무 창피하고 속상해요. 난 아무짝에도 쓸모가 없나 봐요."

"동생은 매일 기저귀에 오줌 싸고 똥 싸도 잘 했다고 뽀뽀해 주잖아요. 침을 흘려도 예쁘다고 쓰다듬고 기어 다니면서 말썽 부려도 웃으면서 쳐다보잖아요. 그런데 왜 나는 어쩌다 한 번 실수하는데도 매를 들고 때려요? 엄마는 내가 미워요? 엄마는 더 이상 날 사랑하지 않는 거예요?"

일시적인 퇴행이에요

대소변 가리기가 완벽해진 5세 이상의 아이라도 일시적으로 못 가리게 되기도 한다. 5세 이상의 아이들이 잘 가리던 소변을 못 가리게 될 때 전문가는 '일시적인 퇴행' 현상으로 야뇨증이라 진단한다. 퇴행이란 무조건적인 사랑과 보살핌을 받던 이전의 어린아이로 되돌아가 어린 행동을 보이는 것을 말한다. 이는 지금의 상황이 심리적으로 불편하고 힘들어 부모의 보살핌을 더 많이 받고 싶다는 몸짓이라 할 수 있다.

대체로 동생이 태어나거나 유치원과 같은 낯선 장소에 적응하지 못하고 스트레스를 받을 때, 엄마의 사랑을 받지 못한다고 느낄 때 일시적으로 소변을 가리지 못하거나 손가락을 빨고 우웃병을 찾는 등 퇴행 행동이 나타나기도 한다.

스트레스에 약해요

아이가 실수로 소변 실수를 보이는 원인으로는 요로 감염과 같은 의학적인 요인도 있지만 동생의 출현이나 유치원 등원, 새 집으로의 이사 등 일상생활에 찾아온 변화가 원인이 되어 나타날 수도 있다. 일상생활의 변화는 아이에게 스트레스를 주기에 충분하다. 대소변 가리기를 일찍 시작했거나 시도하는 과정에서 부모가 강압적인 태도를 보일 경우에도 일시적인 퇴행이 나타날 수 있다.

자기 조절과 통제를 배우는 시기예요

아이가 부모의 말을 알아듣고 따를 수 있으며, 대소변이 마렵다는 의사표현을 할 수 있을 때 대소변 가리기를 시작해도 충분하다. 대부분 16~17개월부터나 더 이른 시기에 훈련을 시작하지만 전문가들은 두 돌 무렵이 적당하다고 조언한다. 너무 이른 시기에 대소변 가리기를 시도하게 되면 실수를 반복할 가능성이 많기 때문이다.

대소변 가리기는 매우 중요하고 어려운 문제다. 유아가 자기 조절과 통제를 배우는 기회가 되기 때문이다. 부모는 대소변 가리기를 하는 과정에서 유아의 배설 또는 배뇨 욕구를 알아차리고 배설할 수 있도록 도움을 주어야 한다. 유아는 대소변 가리기 훈련을 통해 언제 어디서나 내키는 대로 배설할 수 없다는 것을 깨달아가고 대소변을 통제하면서 기본적인 자기 조절과 통제를 배워나간다.

야뇨증일 수 있어요

야뇨증은 자기 통제에 대한 실패를 의미한다. 대개 아이들은 5세 무렵에 소변을 통제하는 능력을 습득한다. 5세 이전에 잠결에 오줌을 싸는 야뇨증을 보이는 것은 대소변 가리기가 미숙하거나 아직 어려서 자기 통제력에 실패한 결과다.

한편, 5세가 넘었는데도 소변을 가리지 못하는 경우에는 비뇨기과적인 검사를 받아보거나 심리적인 문제를 짚어볼 필요가 있다. 소변을 잘 가리던 아이가 갑자기 밤에 자다 오줌을 싸게 되는 것을 '기능적 야뇨증'이라고 하는데, 이는 신체적 또는 심리적으로 문제가 생겼음을 알리는 신호일 수 있다.

너무 일찍 서두르거나 강요하지 마세요

대소변 가리기는 아이와 엄마 사이에 어느 정도 의사소통이 가능할 때 시작하는 것이 좋다. 이제 막 걸음마를 뗀 아기에게 똥, 오줌을 가리라는 것은 한글도 떼지 못한 아이에게 동화책을 쓰라는 것과 다를 게 없다. 너무 이른 시기에 대소변 가리기 훈련을 강제로 시키거나 잘 하지 못한다고 꾸중을 하는 경우 아이는 대소변을 조절하는 능력을 얻는 데 실패할 수 있다. 자녀의 발달 정도를 고려하지 않고 이른 시기에 이러한 훈련을 하는 것은 아이의 스트레스만 가중시킨다.

누구나 실수하는 것, 용기를 주세요

대소변을 잘 가리던 아이가 실수했을 때는 먼저 아이의 당혹스러운 마음을 헤아린 다음 수치심을 극복할 수 있도록 용기를 주는 것이 필요하다.

"어? 경태가 이불에 오줌 쌌구나. 어제 너무 피곤해서 깊이 잠이 들어 그랬나보다."

"괜찮아! 누구나 가끔은 그럴 때도 있단다."

이와 같이 말해줌으로써 아이가 가질 수 있는 수치스러운 마음을 감싸주는 것이 필요하다. 이러한 실수에도 부모가 자신을 책망하거나 비난하지 않고 변함없이 자신을 사랑하고 있음을 깨닫게 해주는 것이 중요하다. 유치원과 같은 낯선 상황에서 실수를 하더라도 자신감 있게 행동할 수 있도록 격려한다.

"누구나 실수할 수 있고 다음부터 조심하면 되는 거야"라는 위로와 함께 아이 스스로 '난 괜찮은 사람이다'는 느낌을 가질 수 있도록 도와야 한다.

자녀의 주변을 살펴보세요

최근 들어 스트레스를 받을 만한 일들은 없었는지 아이의 주변을 살펴보자. 새로 시작한 공부의 양이 많은지, 유치원에서 힘든 일은 없는지, 친구와 심하게 다투거나 맞고 다니진 않는지 세심한 관찰이 필요하다. 아이와 마주 앉아 지금 어떤 상황에 있는지 이야기를 들어보자. 그리고 아이의 어려움을 함께 해결할 수 있는 든든한 부모가 곁에 있다는 것을 알려주도록 하자.

이런 말은 하지 말아요

"또 오줌 쌌어? 에휴, 이 오줌싸개야! 벌써 이불이 몇 개째야! 너 정말 이런 식으로 할 거야? 동생도 안 하는 실수를 왜 형이 하는 거야? 창피하지도 않아?"

이렇게 말해요

"경태가 이불에 실수를 했구나. 우리 경태 지금까지 한 번도 실수 안 했었는데, 놀랐겠다. 괜찮아, 그럴 수도 있어. 동생하고 아빠한테는 비밀로 하자."

Point 수치심을 갖지 않도록 도와준다. 용기를 주되 아이가 부담을 가질 수 있을 만한 표현은 하지 않는다.

유치원에 가기 싫어해요
엄마와 떨어지기 싫어하는 아이

배희는 유치원에 다니기를 너무 싫어한다. 일주일에 평균 이삼 일은 안 가겠다고 심하게 떼를 쓰며 울고 강한 거부감을 나타낸다. 소풍이나 단체 관람을 간다고 할 때나 겨우 웃음을 보일까 거의 매일 울면서 다니는 형편이다.

울고 보채다가 유치원 버스를 놓치는 일이 한두 번이 아니고, 유치원에 데려다주고 나오려면 엄마와 영영 헤어지기라도 하는 듯 통곡을 한다.

'성격에 문제가 있는 건 아닐까?'

'학교에 들어가서 잘 적응할 수 있을까?'

'이 다음에 커서 사회생활을 잘 할 수 있을까?'

여섯 살이면 친구들과 어울려 놀고 유치원에 가는 재미를 알 법도 한 나이인데, 도무지 나아질 기미가 보이질 않으니 엄마는 걱정이 태산이다.

유치원에서 공부만 하는 것도 아니고, 선생님이 무서운 것도 아니다. 친구들과 마음껏 놀고 수영도 할 수 있는데, 도대체 유치원을 왜 싫어할까?

배희 마음속에서는 지금…

"엄마, 아빠에게 난 필요 없고 동생만 필요한 거예요? 그래서 배희만 유치원에 보내는 거죠?"

"난 엄마랑 하루 종일 집에 있어도 좋아요. 엄마 옆에서 귀찮게 안 할게요. 그러니까 유치원에 가라고 하지 말고 엄마랑 집에 있게 해주세요, 네?"

"내가 없으면 밖에 나가려고 하는 거 알아요. 지난번처럼 아주아주 컴컴해지면 오려고 하는 거죠? 싫어요. 내가 엄마 지킬 거야."

"유치원은 재미없어요. 차라리 전에 다녔던 유치원이 더 좋아요. 새 친구들, 새 선생님, 새 유치원은 너무 싫어요."

낯선 환경에서는 몸도 마음도 힘들어요

아이들은 태어나서 몇 년 동안 집안에서 생활하다가 어느 정도 자라면 유치원 등의 시설이나 기관에 다니게 된다. 그러나 이 새롭고 낯선 환경은 부모가 생각하는 만큼 간단하거나 재미있는 일이 아니다. 아이 입장에서 엄마가 있는 집을 떠나, 낯선 장소에서 낯선 사람들과 지내는 것은 모험이다. 많은 아이들은 흥분하고 즐거워하며 애타게 이 순간을 기다리기도 한다. 그러나 일부 아이들에게는 이 가슴 설레는 모험이 또 다른 스트레스의 원인이 되기도 한다.

불안정한 애착으로 인한 분리 불안이나 의욕 저하일 수 있어요

애착은 부모와 아이 사이에 이루어지는 정서적인 유대감이다. 즉 서로의 애정에 대한 믿음을 형성하는 것으로 생후 1~3세 무렵은 애착 형성에 매우 중요한 시기다. 이때 형성된 애착은 이후 아동 발달의 전 영역에 걸쳐 영향을 미친다. 부모와 안정적인 애착을 형성하면 자신이 부모의 사랑을 받기에 충분히 중요한 존재라는 인식을 갖게 된다. 자신과 세상(타인)은 믿을 만한 곳이라는 신뢰가 생겨나는 것이다.

이 시기에 믿음이 단단하게 형성되지 않으면 아이는 부모 곁을 떠나기가 힘들어진다. 부모와의 애착이 불안정하게 형성된 아이들은 유치원에 가는 것을 부모에게 버림받는 것으로 생각할 수 있으며, 자신이 엄마 곁에 없으면 불길한 일이 생길 것 같은 불안을 느끼게 된다.

또 여기서 끝나지 않고 친구 관계, 학업 능력, 더 나아가 결혼에도 영향을 주고 자신의 자녀를 키우는 데도 영향을 주면서 대물림하는 특성을 지니고 있다. 즉 생의 초기에 부모와의 애착이 불안정하면 타인을 신뢰하지 못하는 마음이 평생 지속된다는 뜻이다.

곁에 없으면 엄마가 너무 걱정돼요

부모와 자녀 관계에서 엄마와 아이의 역할이 뒤바뀐 경우가 간혹 있다. 보통의 부모-자녀 관계에서와 달리 아이가 엄마를 걱정하고, 엄마는 아이에게 의존한다. 그래서 엄마는 무의식적으로 아이가 자신의 곁에서 떨어지지 않기를 바란다. 자기도 모르는 사이에 어린 자녀가 자신의 곁에 항상 붙어 앉아서 불안한 마음을 채워주기를 강요하는 것이다. 엄마가 이런 심리를 가지면 아이 역시 엄마의 곁에서 떨어지려 하지 않는다. 엄마와 떨어지면 불안을 느끼게 되는데, 이 또한 불안정한 애착의 한 형태다. 이런 부모-자녀 관계는 자녀의 정상적인 발달을 저해할 뿐 아니라 자녀의 독립을 가로막기도 한다.

떨어져 있는 정확한 시간을 알려주세요

아이가 스스로 유치원에 가게 하려면 부모와 자녀의 애정을 돈독히 하여 심리적으로 안정되도록 해야 한다. 그리고 아이에게 유치원에 가더라도 집으로 돌아오는 시간이면 엄마와 다시 만날 수 있다는 것을 알려준다. 즉 몇 시부터 몇 시까지 유치원에 있어야 하는지 정확한 시간을 알려준다.

집에서 엄마가 나를 기다리고 있다는 심리적인 안정감을 가지면 친구들과의 관계는 물론 유치원에서의 활동도 좋아지게 된다.

긍정적인 피드백이 필요해요

유치원에 대한 긍정적인 얘기들을 해준다. 그리고 선생님, 친구, 유치원 활동 등에 대해서 어떤 생각을 갖고 있는지 아이의 얘기를 들어보고 아이가 유치원에서 하는 행동이나 역할에 대해 애정을 갖고 칭찬해준다.

"어려서 한 번 보냈는데 그 후로 이렇게 안 가려고 하네요."

"애는 유치원에 가기 싫대요. 그래서 안 보내요."

이러한 엄마의 습관적인 말에도 아이들은 유치원에 대한 부정적인 생각을 가질 수 있다.

유치원 학습 따라가기, 친구와의 갈등, 생활 규칙, 새로운 환경, 낯선 사람들과의 관계 등에 대해 함께 고민하고 해결할 수 있는 방법들을 찾아본다.

아이들은 작은 일에 마음 상하고 아파할 수 있으므로 부모는 아이가 유치원이라는 작은 사회에서 있었던 일을 잘 들어주어야 한다. "별 일 아니다" "그깟 일 갖고 그러느냐?" 같은 말은 오히려 아이에게 상처를 줄 수 있다.

반대로 아이의 마음을 위로한다며 문제를 확대 해석하거나, 공감해주어야 한다는 생각에 무조건 "그랬구나, 어떡하니? 속상했겠다"라는 말만 남발해도 도움이 안 된다.

"그래서 네 마음은 어땠는데?" "넌 그 친구에게 어떻게 해주고 싶었어?"라고 좀 더 적극적으로 물어봄으로써 친구들과의 작은 다툼을 잘 극복하고 해결하도록 도와주자. 이런 과정을 통해 아이들은 더 큰 사회에서 필요한 행동 규범을 익힐 수 있다.

"얘가 또 왜 이래? 너 빨리 유치원 못 가? 뚝 그쳐! 아침부터 왜
울고 그래? 가방 메고 빨리 신발 신어. 얼른 나가, 못 나가?"

"배희가 유치원 갔을 때 엄마는 어디에 있을 거라고 했니? 엄마
는 집에서 집안일하고 있을 거라고 했지? 배희 유치원에서 1시
에 끝나니까 1시에 만나자. 그럼 잘 다녀와."

Point 엄마가 집에서 기다리고 있음을 확인시켜 아이의 불안감을 없애준다.

어질러 놓기만 하고
정리하긴 싫어해요

. . .

한계와 제한이 필요한 아이

은중이네 집은 거실, 베란다, 작은방 모두 발 디딜 틈 없이 온통 장난감으로 가득 찼다. 베란다를 비롯해 벽이란 벽은 아이가 그림으로 난장판이 되어 있다. 여기저기 장난감이며 책이 널려 있고, 물감과 크레파스는 한 번 쓰면 그대로 놓아둔 채 다른 놀이를 찾아 나선다. 정리와는 담쌓고 지내는 은중이 때문에 싱크대와 냉장고, 신발장 안에서도 장난감이 나온다.

엄마는 집 안에 널려 있는 아이 물건들을 정리하고 싶다. 하지만 네 살짜리 아이를 놀지 못하게 손발을 묶어둘 수도 없고, 놀고 나면 치우라고 매번 잔소리하는 것도 아이의 창의성을 죽이는 것 같아서 하지도 못한다. 엄마가 이러지도 저러지도 못하는 사이 은중이의 어지르는 버릇은 점점 더 심해지고 있다.

"자동차를 갖고 놀다 보면 블록이 보여요. 그래서 블록을 갖고 오면 크레파스로 그림을 그리고 싶어요. 놀고 싶은 게 너무 많아서 이것저것 하다 보면 나도 모르게 어지르게 돼요."

"장난감을 치우고 정리하는 건 엄마가 할 일이잖아요. 나는 재미있게 놀기만 하면 되는 거 아니에요? 우리 엄마는 나보고 치우라고 한 적이 없는 걸요."

"엄마는 나를 혼내지 못해요. 내가 아무리 말썽을 부려도 엄마는 야단치기는커녕 웃는 걸요. 난 뭐든지 원하는 대로 할 수 있다구요."

손을 마음대로 조절할 수 없어요

4세 정도라면 혼자서 앉고 서고 걸을 수 있다고 해도 온몸의 대소 근육들을 자유롭게 사용하기는 어려운 나이다. 그래서 정교하게 그리거나 만들고 붙이지는 못한다. 스케치북에 그림을 그릴 때 그림이 자꾸 도화지 밖으로 튀어나오고 물감을 여기저기 묻히는 것도 대소 근육을 자유롭게 쓰지 못하기 때문이다.

놀기는 쉽지만 치우기는 어려워요

이 나이의 아이들은 흥미로운 장난감을 꺼내서 놀기는 쉽지만 장난감을 있던 자리에 다시 갖다 놓고 정리하는 데는 어려움을 느낀다. 장난감을 정리하려면 같은 종류끼리 분류할 수 있는 능력과 주의 집중력이 있어야 하는데, 이 시기에는 아직 그런 능력이 충분히 발달되지 않았기 때문이다.

엄마가 시키지 않기 때문이에요

"장난감을 정리하라"는 말에 아이는 처음에는 힐끗힐끗 부모의 반응을 살피며 눈치를 본다. 그런 아이에게 몇 번 웃고 그냥 넘어가 주면 정리 안 해도 괜찮은 것으로 받아들이게 된다. 이런 상황이 반복되면 아이는 엄마가 어질러놓고 치우지 않는 것을 좋아한다고 단정하고, 정리 정돈과는 담쌓게 된다.

탐색 욕구가 강해지는 만큼 주도성도 발달하는 시기예요

아이들은 자라면서 나이에 맞는 발달 과업을 익히게 된다. 이 나이의 발달 과업 중에는 무엇이든 스스로 하려는 성향인 '주도성' 이 있다. 이 시기 유아들의 호기심과 탐색 욕구들이 주도성과 맞물리게 되면 반드시 주위 사람들과 마찰을 빚게 된다. 유아들은 호기심을 충족시키기 위해 집 안 여기저기 들쑤시고 다니면서 탐색하려는 욕구에 따라 이것저것 꺼내서 늘어놓고 만진다. 또 스스로 하고자 하는 주도성의 발달로 다른 사람이 자신의 물건에 손대는 것을 싫어한다. 호기심과 탐색 욕구를 채우는 것도 중요하지만 적절한 통제와 다른 사람과 어울릴 수 있는 조화도 필요하다. 타인과 화합할 수 없는 주도성은 부정적인 반응을 가져와 아이를 힘들게 할 수 있기 때문이다.

놀이 공간과 행동의 제한을 분명하게 알려주세요

아이에게 마음껏 놀아도 되는 공간을 정해준다. 놀이 공간으로 정해진 곳에서는 어떤 행동을 해도 가능하지만 그 외의 공간에서는 하지 못한다는 것을 분명하게 알려준다.

"은중아, 물감놀이는 여기서만 하는 거야. 색칠도 하고 그림도 그릴 수 있어. 하지만 다른 데서 하면 안 돼, 알았지?"

정리 정돈을 모르던 아이가 갑자기 정리를 잘 할 수는 없다. 정리를 해야 하는 이유를 설명하고 엄마가 먼저 정리하는 모습을 보여준다. 아이가 어리거나 정리하는 것을 힘들어하면 치울 수 있는 분량을 줄여서 시작해본다. 가령 물감놀이가 끝난 뒤에 물통의 물을 버리게 한다거나, 붓이나 물감을 담았던 팔레트를 씻게 한다.

"아유, 정리하는구나. 엄마는 은중이가 정리하는 모습을 보니까 너무 기분이 좋다."

엄마의 마음을 솔직하게 표현하는 칭찬 한마디로 더 열심히 정리 정돈을 시작하는 자녀의 모습을 볼 수 있을 것이다.

정리를 시킬 때는 정확하게 지시를 내린다. "어질러놓은 거 얼른 치워라!"고 뭉뚱그려서 얘기하는 것은 아이에게 혼란만 줄 수 있다.

"블록은 블록통에 넣어야지!"

"책은 책꽂이에 꽂아놓자!"

"자동차는 자동차 수납통에 들어가야지!"

"크레파스는 크레파스통에 집어넣고!"

어떤 물건이 어느 곳에 들어가야 하는지 구체적이고 정확하게 알려준다.

"놀고 나면 정리하라고 엄마가 얘기했어, 안 했어? 어떻게 정리 한 번을 안 하니? 빨리빨리 정리해! 아니면 다 갖다버릴 거야! 집 안 꼴이 이게 뭐야? 완전히 난장판이잖아."

"그림은 벽에 그리는 게 아니라 도화지에 그리는 거야. 다 놀고 난 장남감은 통 안에 넣어야지. 장난감을 통 안에 다 넣었네, 참 대견하다."

Point 놀 수 있는 공간과 행동의 한계를 분명하게 제시하고 잘한 일에 대해서는 칭찬해준다.

떼쓰고 조르기의 대왕이에요

. . .

욕구를 참지 못하는 아이

상기 엄마는 상기에게 옷을 사주러 아이와 함께 할인점으로 향했다. 그런데 옆에서 잘 따라오던 상기가 로봇을 전시해놓은 가게 앞에 우뚝 멈춰 선다.

'쟤가 뭘 하려고 저러나? 혹시 사달라고 떼쓰는 거 아냐? 저 녀석이 고집을 피우면 아무도 못 말리는데 일 났네, 일 났어.'

"저 로봇 사줘!" 아니나 다를까, 상기가 대뜸 한마디 한다.

"상기야, 너 이렇게 졸라서 산 로봇이며 장난감이 몇 개야? 절대로 안 돼."

"싫어. 로봇 사줘! 사줘!! 사줘!!"

으이그, 드디어 시작이다. 조르기 대장의 특기가 나왔다.

"안 된다고 했잖아. 너 왜 그래! 정말 혼나고 싶은 거야? 오늘은 옷을 사러 나온 거니까 로봇은 사줄 수 없어!"

엄마의 언성은 점점 높아진다. 그러나 아이는 이 정도로 물러서지 않는다. 급기야 소리 내어 울기 시작한다.

"울어? 울어도 소용없어. 이리와, 빨리 안 와?"

엄마는 아이 손을 끌고 가려 하고 아이는 끌려가지 않으려고 안간힘을 쓰며 바닥에 주저앉더니 드러누워버린다.

이 정도가 되면 길 가던 사람들도 힐끔거리며 쳐다본다. 어떤 엄마는 혀를 차며 "그냥 사주지 애를 저렇게 놔둔대…" 하면서 지나간다.

더욱 의기양양해진 상기는 더 크게 소리를 지른다. 애가 정말 사람 망신 주려고 일부러 저러는 게 아닐까 싶은 생각까지 들고 주변 사람들의 시선에 얼굴마저 화끈거린다.

"어휴, 창피해. 알았어, 알았다고! 근데 너 이번 한 번이야. 다시는 없어!"

단단히 다짐을 받고 상기의 손에 로봇을 들려준다.

갖고 싶은 로봇을 손에 넣은 상기는 언제 떼를 썼냐는 듯 활짝 웃고는 룰루랄라 앞서 간다. 엄마는 '또 당했구나' 하는 생각으로 한숨을 푹 내쉰다.

"엄마는 나한테 못 이겨요. 그러게 내가 울기 전에 사주면 되잖아요. 떼를 쓰면 뭐든지 사주니까 앞으로도 사달라는 거 안 사주면 계속 떼쓰고 조를 거예요."

"나도 바닥에 드러눕고 싶지 않았어요. 하지만 그렇게 하지 않으면 엄마가 안 사주니까 별 수 없잖아요. 갖고 싶은 걸 갖기 위해서 어쩔 수 없었어요."

강화의 덫에 걸렸어요

아이가 떼쓰고 조르면 부모들은 나쁜 습관을 바로잡기 위해 거절한다. 그런데 아이가 점점 더 심하게 떼를 쓰고 조르면 부모는 괴로움에서 벗어나고 싶은 충동에 아이의 요구를 들어주게 된다. 그 순간 부모는 아이의 조르기와 떼쓰는 행동에서 벗어나게 된다. 이를 '부적 강화'라고 한다. 즉 싫은 행동(아이의 짜증)을 피하기 위해 하게 되는 행동(요구 들어주기)을 부정적으로 강화받은 것이다.

일상생활에서 부적 강화의 영향을 받는 행동들은 많다. 아이의 징징거리는 소리가 듣기 싫어 '그만해' 라고 소리치면 아이는 잠시 조용해진다. 그러면 부모는 아이가 징징거릴 때마다 '그만해' 소리를 더 크게, 더 자주 하게 될 것이다. 이처럼 징징거리고 떼쓰는 아이를 보고 '그만해' 라고 소리치거나, 장난감을 사주어 일시적으로 아이의 행동을 잠재우는 행동은 모두 부적 강화에 의해 영향을 받은 행동들이다.

강화의 덫에 걸려 부정적 상호작용의 악순환이 반복돼요

문제는 이러한 부적 강화에 의해 형성된 부모 행동은 아이의 징징거리고 떼쓰는 행동을 오히려 더 강력하게 만든다는 데 있다. 떼를 써서 요구를 관철시킨 경험이 있는 아이는 '내가 소리를 크게 지르고 강하게 떼를 쓸수록 부모는 내 요구를 들어주게 되어 있어' 라는 것을 알게 되는 것이다.

반면 부모는 아이의 행동을 통제하기 위해 더 강력하게 소리치고 야단치거나, 또는 실랑이 끝에 아이의 요구를 들어주게 되어 부모와 아이 간에는 일시적으로 평화가 찾아오게 된다. 그러나 또다시 '더 강력한 징징거림 → 더 강력한 야단치기 → 순간적 평화' 의 악순환 고리는 반복되는 것이다. 이를 부적 '강화의 덫' 에 걸린 부정적 상호작용이라 부른다. 아이는 자신이 원하는 것을 얻기 위해 더 혐오스럽고 과격한 방법까지 사용하도록 강화받게 된다. 그러면 아이의 행동을 제재하려는 부모의 반격도 더 강력해진다. 따라서 서로의 부정적인 상호작용의 골은 더 깊어지게 되는 것이다.

결국 부모는 전혀 의도하지 않았지만 아이의 행동을 더 과격하고 공격적으로 행동하게 만드는 결과를 초래하게 된다.

자기 주도성에 빠졌어요

2~3세 이후가 되면 자기 주도성이 발달하는데, 이는 무엇이든지 자신이 원하는 것은 다 이룰 수 있다는 믿음으로 이어진다. 이러한 믿음으로 조르고 떼쓰는 행동이 더 심해지는 것이다.

많은 부모들이 아이가 처음 떼를 쓰고 조르기 시작하면 귀엽게 보거나 활발하다, 재미있다는 등 긍정적인 평가를 한다. 그러다 아이가 자라고 힘이 세지면 통제하기가 힘들어진다. 초기에 보이는 이 같은 공격적이고 파괴적인 행동은 이후 학령기 시절의 공격성을 좌우할 만큼 중요한 요인으로 작용한다. 때문에 어린 시기부터 바로잡아야 한다.

하고 싶은 것은 가능한 선에서 채워주세요

걸음마 시기부터 올바른 훈육은 필요하다. 하지만 교육이라는 이유로 아이의 욕구를 너무 심하게 억눌러 좌절감에 빠지게 해서는 안 된다. 아이의 욕구 표현에 항상 귀 기울여 들어주고, 아이가 원하는 것을 이룰 수 있는 방법을 함께 찾아봄으로써 욕구 충족을 위한 다양한 사회적 기술을 익히게 하자.

좌절을 극복하는 방법을 알려주세요

"엄마, 저거 사줘!"

"어떤 거?"

"저 로봇이오. 저거 사줘!"

"상기가 가지고 있는 거랑 비슷하게 생겼네?"

"같이 가지고 놀면 재미있단 말이야. 빨리 사줘. 빨리, 응?"

"그래 함께 가지고 놀면 재미있겠다."

"맞아, 재미있어. 나 저거 갖고 싶어. 사줘, 빨리 사줘!"

아이의 떼가 점점 심해지고 있다. 이제 걸음을 멈추고 아이와 눈을 맞출 시점이다. 아이의 눈을 보고 단호하게 말해야 한다.

"그래, 상기가 저 로봇을 갖고 싶어 하는 마음은 엄마가 충분히

알 수 있어. 그런데 갖고 싶다고 뭐든지 다 가질 수 있는 건 아니잖
아? 며칠 전에 아빠가 비슷한 것도 사주셨잖니. 그러니 엄마는 사줄
수 없구나!”

아이의 시선을 다른 곳으로 돌려주세요

엄마는 안 된다고 말한 것을 한 번 더 상기시킨 후에 그 자리를 빨
리 지나가야 한다. 엄마가 망설이는 모습을 보이면 아이가 미련을 갖
게 되므로 빨리 자리를 뜨는 것이 좋다. 홀로 남겨진 아이가 난리를
피우며 울 수도 있고 억울해하며 화를 낼 수도 있지만 굴복해서는 안
된다. 대신 관심을 가질 만한 다른 곳으로 아이의 시선을 돌린다.

따로 시간 내어 아이의 행동에 대해 이야기를 나눠요

시간이 좀 지나서 아이가 진정되면 따로 시간을 내어 낮에 아이
가 나타낸 행동에 관해 이야기를 나눈다. 만일 갖고 싶은 것을 사달
라고 조르지 않았거나 졸랐더라도 많이 떼쓰지 않고 잘 참아주었다
면 엄마와의 약속을 잘 지켜준 것에 대해 칭찬을 아끼지 않는다. 어
려웠겠지만 갖고 싶은 마음을 잘 참아준 것에 대해 격려해주는 것이
필요하다.

만일 아이가 계속 사달라고 조르면 사지 않기로 약속을 했다가 어긴 적은 없는지, 아이가 조를 때 귀찮다는 이유로 허용해준 일은 없는지 되돌아볼 필요가 있다. 아이들은 자신에게 해당되는 일은 잘 기억하기 마련이다. 부모가 약속을 어기거나 일관성 없이 요구를 들어주면 아이는 엄마와의 약속은 어겨도 되는 것으로 생각할 수 있다.

이런 말은 하지 말아요

"또 그런다. 어디 바닥에 드러누워서 울어? 여기가 네 집 안방이야? 놓고 가버리기 전에 얼른 일어나! 그래그래, 알았어. 네 마음대로 해. 나도 몰라!"

이렇게 말해요

"저 로봇이 사고 싶은 거니? 오늘은 옷을 사기로 하고 왔는데…. 로봇은 살 수 없을 것 같다. 옷을 사겠니, 아니면 집으로 돌아가겠니? 네가 선택해. 아빠랑 같이 의논해보고 너에게 꼭 필요한 것이라면 사줄 수도 있어."
(만일 로봇을 사겠다고 계속 고집을 피운다면 집으로 돌아온다. 그리고 자신의 잘못된 행동에 대한 결과로 다음번 쇼핑은 가지 못하는 것으로 한다.)

Point 아이에게 선택권을 주고 고집을 피운 결과를 경험하게 한다.

먹어! 안 먹어?
밥 먹기 싫어하는 아이

아이가 어째서 밥 먹기를 싫어하는 걸까? 입덧 때문에 임신 기간 내내 제대로 먹지 못한 경태 엄마는 2.8kg으로 경태를 낳았다. 작게 태어나서인지 우유병을 빠는 힘도 약하고 먹는 양도 턱없이 적었다. 엄마는 다른 아기에 비해 유난히 작은 아이가 적게 먹는 것이 너무나 안쓰러웠다. 그래서 경태 엄마는 경태가 여섯 살이 되도록 얼마나 먹는지, 어떻게 해야 잘 먹는지에 관심을 쏟는다. 하지만 어릴 때부터 입이 짧은 경태는 식사 때마다 엄마 속을 끓였다.

"안 먹어요!" "먹기 싫어요!" "밥은 맛없어요!"라는 한마디만 하고는 입을 닫은 채 식탁에 앉지도 않는다. 그러면 엄마는 경태 뒤를 쫓아다니며 한 숟가락이라도 먹이기 위해 비지땀을 흘려야 했다. 컴퓨터를 할 때는 밥그릇을 들고 곁에 서서 아이 입에 한 숟가락씩 떠

먹여준다. 노는 데에 정신이 팔려 먹는 것을 잊어버린다 싶으면 옆에 붙어 앉아 밥을 챙겨 먹인다.

경태 엄마 가방에는 다른 것은 몰라도 먹을 것 하나만은 확실하게 들어 있다. 언제 어디서든 아이가 입만 벌리면 줄 수 있도록 준비해 갖고 다닌다. 물이며, 음료는 물론 간단히 끼니를 해결할 수 있는 주먹밥까지 싸갖고 다니는 게 어느새 습관이 돼버렸다. 남들은 애가 배고프면 알아서 먹는다며 먹는 것 가지고 유난을 떤다고 타박한다. 그렇다고 하루 종일 안 먹는 아이를 보면서 마음 편하게 있을 수도 없다. 저렇게 안 먹다가 아예 위가 줄어들면 어떡하나 걱정된다.

경태 마음속에서는 지금…

"엄마, 조금만 먹어도 배가 불러서 밥 먹는 게 힘들어요."

"한창 재미있게 놀고 있잖아요. 그런데 밥 먹으라고 하면 짜증나요. 밥 먹을 준비도 안 됐는데 옆에 와서 입 안으로 밥숟가락을 밀어 넣으면 깜짝 놀라서 먹기 싫어진단 말이에요."

"엄마는 내 얼굴 보면 밥만 생각나요? 만날 밥 먹어, 밥 먹어. 나만 보면 밥 먹으라는 소리만 하고, 다른 말은 생각 안 나요? 지겹고 짜증나요."

선천적으로 비위가 약해요

비위가 약해 먹는 것을 즐기지 않는 아이일 수 있다. 이런 아이들은 먹는 것에 대한 욕구 자체를 잘 느끼지 못한다.

엄마를 위해서 먹는 거예요

식사란 영아기 때부터 지속되는 하나의 습관이다. 아이들은 성인들처럼 음식이 몸을 위해서 필요하다는 생각은 하지 못한다. 그러므로 식사 습관이 제대로 잡혀 있지 않으면 아이들은 밥 먹는 것을 엄마에게 큰 인심이나 쓰는 것으로 생각할 수 있다. 눈뜨자마자 밥부터 먹으라는 소리를 하거나, 어떤 것을 얼마큼 먹어야 한다고 지나치게 간섭하거나, 배고픔이나 식성과는 상관없이 시간에 맞춰 챙겨먹이는 경우, 아이는 자신의 건강을 위해서가 아니라 엄마를 위해서 먹어준다고 생각할 수 있다.

간식이나 군음식을 너무 많이 먹어요

알게 모르게 간식을 많이 허용하거나, 식사 시간 사이사이 과자나 사탕, 청량음료 등 군것질을 많이 하게 하거나, 패스트푸드 등을 원하는 대로 주는 경우, 밥 먹기를 싫어하게 된다. 이러한 식습관은

122

아이로 하여금 아무 때나 어떤 식으로든 배만 채우면 된다는 식으로 생각하게 하여 주식과 간식에 대한 구분이 모호해지게 된다.

스트레스로 식사 시간을 싫어해요

나이에 상관없이 엄마의 기준을 강요해서 깔끔하게 빨리 먹기를 바라거나, 건강에 좋으니까 억지로 먹게 하거나, 한 끼 식사량으로는 많은 양을 먹으라고 하면 아이는 스트레스로 식사 시간을 싫어할 수 있고 심하면 먹는 것에 대한 흥미를 잃어버릴 수도 있다.

일정한 시간에 맞춰 식사해요

저녁상을 다 차려놨는데 아이가 책을 보고 있으면 책 읽기를 끝내고 나서 밥을 먹게 해야겠다고 생각하는 엄마들이 있다. 이런 경우 아이는 때를 놓치게 되어 그다지 맛있게 저녁을 먹지 못한다. 이런 일이 반복되면 아이는 입맛을 잃을 뿐 아니라 규칙적으로 식사를 하는 습관을 잃어버리게 된다.

아이가 바른 식습관을 갖게 하려면 식사 시간에는 하던 일을 멈추고 가족들과 함께 밥을 먹게 해야 한다.

식사 시간에는 식사에 집중할 수 있는 분위기를 만들어주는 것이 필요하다. 식사 시간에 아이의 잘못을 나무라거나 많이 먹어라, 언제 먹을래, 골고루 먹어라 등의 잔소리를 하는 것은 좋지 않다.

식사 시간이 즐거워지기 위해서는 가벼운 주제로 대화를 나누는 것이 좋다. 아이가 밥 먹기를 싫어한다면 큰 그릇에 음식을 담아 양이 적어 보기에 하거나 먹음직스러워 보이도록 꾸미는 것도 좋다.

생각 없이 아이가 먹고 싶다고 하면 아무 때나 간식을 주는 습관이 있다면 당장 그만두자. 간식은 주식과 달리 맛이 강하다. 달고 짠 맛이 강한 군음식은 밥맛을 없게 한다. 입맛을 되살리기 위해서는 시간을 정해서 간식을 먹이되 너무 많이 먹지 않게 해야 한다. 또 식사 시간과 간식 시간을 일정하게 지켜야 한다.

"먹어! 안 먹어? 왜 안 먹어. 밥 안 먹으면 죽어. 너 죽고 싶어? 빨리 먹어!"

"엄마 식사 준비하는 데 좀 도와줄래? 숟가락과 젓가락을 놔주렴. 고맙다. 오늘 저녁은 경태 좋아하는 반찬이 두 가지나 있네!"

Point 식사 준비에 자연스럽게 참여하게 하여 밥 먹는 것에 대한 관심을 유도한다.

세상 모든 일이 다 심드렁해요!

· · ·

의욕 없는 아이

여섯 살 희수는 별명이 '애늙은이'다. 재미없고 심드렁해서 뭘 하자고 해도 콧방귀도 뀌지 않는다. 평소 그림을 그리거나 만들고 오리고 붙이는 건 좋아하지만, 전시회를 보러 가자고 하면 싫다고 한다. 엄마의 강압에 못 이겨 마지못해 전시회에 가도 희수는 흥미가 없다. 아이가 하나라서 어릴 때부터 각별히 관심을 갖고 키웠는데 도대체 부모의 뜻에 따르는 것이 없다.

다른 애들이 그렇게나 죽고 못 산다는 캐릭터 인형들을 봐도 시큰둥하다. 최신 휴대 전화를 손에 쥐어줘도 웃지 않는다. 옷을 사줘도 새 신발을 신겨도 그저 그런 얼굴로 표정에 변화가 없다. 재미를 위해 로마 시내에 불을 질렀다는 네로 황제의 마음을 이해한다는 희수 엄마.

놀이터에서 아이들이 노는 것만 봐도 신이 나서 엉덩이를 들썩일 법도 하지만 희수는 그저 그런 얼굴이다. 미끄럼틀이다, 그네다 해서 서로 먼저 타려고 몸을 밀치고 싸우는 아이들 속에서도 희수는 가만히 아이들이 노는 모습만 바라보고 있다. 그나마 엄마가 정해준 학원을 재미없는 표정으로라도 다니는 것이 다행이다 싶을 때도 있다. 뭐든지 아이가 편하게 다 해주는데 도대체 세상 모든 일에 달관한 사람처럼 무관심한 표정을 한 희수를 보는 엄마는 갑갑해진다.

"엄마가 다니라고 하는 학원만 다니는 것도 힘들어. 그런데 주말에 또 어딜 가자는 거예요?"

"집에서 밥 먹어도 되잖아요. 꼭 이 옷 저 옷 차려입고 큰 식당 가야해요? 그러면 언제나 예의 없이 굴지 마라, 남들이 흉본다, 음식 흘리지 마라 등등 나를 힘들게 하잖아요."

"결국 엄마가 원하는 거 해야 하잖아요. 내가 생각할 필요가 뭐가 있어요."

"휴대폰은 내가 학원들 돌아다니니까 나 어디 있나 알아보려고 사주신 거잖아요. 하나도 기쁘지 않아요."

아이도 생각이 있어요

부모의 의욕이 지나치면 아이가 가지는 주도성을 짓밟을 수 있다. 물론 부모가 어떤 악의를 가지고 의도적으로 아이를 무시하려고 한 것은 아닐 것이다. 그렇다 해도 아이가 원하는 것을 귀 기울여 들어주지 않으면 아이는 자신의 존재에 대한 기쁨을 스스로 만들어내지 못하게 된다. 주도성이란 자기가 한 일이 바깥 세상에 어떤 영향을 미치게 된다는 것을 알게 되면서 자기 존재감을 느끼게 해주는 역할을 하는 것이다.

가르침이 많아지면 간섭이에요

아이가 갖는 주도성은 유치원 나이대에서 다방면으로 확장된다. 때문에 부모는 아이가 불필요한 것에 시간과 에너지를 쓰지 않도록 자신들이 먼저 판단해야 한다고 생각한다. 좋은 것들을 미리 선택하고 결정해서 자녀가 조용히 따라오게 하는 경우가 많다. 그러나 스스로 할 일을 선택하고 결정하지 못하는 아이는 작은 주도성마저도 잃게 된다.

아무리 사소하고 보잘것없는 것이라도 스스로 보고 생각해낸 것을 부모가 귀 기울여 들어줄 때 아이들은 자신이 귀한 존재라고 느낀

다. 세상에 영향력을 행사할 수 있는 존재감을 스스로 깨닫게 되는 것
이다.

할 일이 너무 많아요

혹시 아이가 이것저것 벌여놓은 일이 너무 많은 건 아닐까? 친구
따라 등록한 학원은 없는지 배울 것들이 너무 많이 쌓여 있는 것은
아닌지 아이 주변을 돌아보자. 여러 가지를 한 번에 하면 한 가지에
집중할 시간도 부족하고 체력도 떨어져 점점 흥미가 사라지기 마련
이고, 시작만 하고 끝을 맺기 힘들다. 선택한 일에 대한 책임감도 없
어진다. 뭘 해도 다 못하는 아이가 돼버린 후로는 뭘 해도 신나지 않
고 두려움만 앞선다.

자기 존재감을 확인하게 하세요

아이는 자라면서 수시로 자기 존재감을 느낀다. 맨 처음 "아~빠"
라는 소리를 냈을 때, 반갑고 기쁜 마음으로 자신을 바라보는 부모
의 모습을 보며 아이는 자신의 영향력을 느끼는 것과 동시에 자신의
존재감을 확인하게 된다. 이후 아이는 존재감을 계속 확인하기 위해

자발적으로 소리를 만들어내게 된다. 부모의 긍정적인 반응이 아이의 자발적인 행동을 불러일으키는 것이다.

만일 아이가 의욕을 잃고 자발적인 행동을 하지 않는다면 부모 자신의 태도를 돌아볼 필요가 있다. 혹시 아이의 행동에 '그건 중요한 게 아니야' 라는 태도로 무심하게 반응하지 않았는지, '쓸데없는 일을 벌였구나' 라는 표정으로 아이의 의욕을 꺾는 반응을 하지는 않았는지 말이다.

아이의 의욕을 되살리고 싶다면 사소한 행동이라도 부모가 적극 반응하고 기뻐할 필요가 있다. 부모의 반응을 통해 존재감을 확인할 때 아이는 자발적인 에너지를 회복하게 될 것이다.

아이의 생각을 가치 있는 것으로 받아들이는 모습을 보여주세요

"네 생각을 말해 봐. 왜 아무런 말도 안 하고 그러니? 너도 생각이 있을 거 아냐?"라는 말 대신 "너도 생각하는 게 있겠지? 네 생각은 어떤 거야?"라고 말하자.

"애, 그건 쓸데없어. 재미없는 거야. 엄마는 다 해봐서 알아. 엄마가 재미있다고 하는 걸 해. 그럼 손해가 없다니까!"하는 말 대신 "그래 그렇게도 생각할 수 있겠구나. 너는 그렇게 생각했구나!"라고 아이의 생각을 중요하고 가치 있는 것으로 받아들이는 모습을 보여준

다. 자신의 생각이 누군가에게 의미 있게 받아들여지는 경험은 자존
감을 높이고 더 많은 생각을 하게 하는 동기가 될 수 있다.

선택에 대한 책임을 질 수 있는 시간을 주세요

부모가 일방적으로 선택하고 강요하면 아이는 책임감을 가질 수
없게 되고, 자발적인 행동도 하지 않게 된다. 따라서 아이의 자발적
인 행동을 유도하기 위해서는 부모의 선택을 강요하지 말고, 아이가
스스로 선택해 행동하도록 믿어주고 지켜볼 필요가 있다.

이런 말은 하지 말아요

"너 피아노 배울래? 다른 애들도 많이 하고, 재미있을 거 같은
데…. 왜? 싫어? 이것도 싫다, 저것도 싫다, 도대체 왜 그러는
거니? 커서 뭐가 되려고 그래?"

이렇게 말해요

"희수는 뭘 하고 싶니? 네가 원하는 것으로 결정할 수 있어. 물
론 하기 싫으면 아무것도 안 해도 되고,"

Point 행동을 선택하고 결정하는 권리가 아이 자신에게 있다는 것을 알려준다.

5장

같은 행동도 나이에 따라 의미가 다르다!

갓 태어난 아기는 신체의 불편함을 울음으로 나타냅니다.
배가 고프거나, 기저귀가 젖었거나, 몸이 아프거나, 추울 때
"나를 돌봐주세요"라는 말 대신 우는 것입니다.
그러나 아기가 자라 말을 할 줄 알게 되면 울음의 쓰임새는 달라지게 됩니다.
울음은 요구사항을 표현하는 수단이라기보다는 감정을 나타내는 수단이 되는 것입니다.
이처럼 똑같은 행동이라도 아이들의 발달정도나 능력에 따라 의미가 다르답니다.

자꾸 거짓말을 해요

. . .

상상과 현실을 구분하지 못하는 아이

여섯 살 민희는 야무지고 또래보다 말도 잘한다. 어려서부터 하는 짓이 어린애답지 않게 영리하고 똑똑해서 집안 어른들의 귀여움을 독차지했다. 어딜 가도 예쁘다는 소리를 듣고 친구들과 함께 놀아도 알아서 뒤처리를 하는 예쁜 아이였다.

그런데 어느 날부터 "유치원 선생님이 나만 예쁘다고 했다." "나만 잘했다고 칭찬했다" "나만 선물 주셨다"는 등 다소 요란스럽게 자랑하는 일이 많아졌다.

친구들이 자기를 공주라고 부르기로 했다는 말도 알고 보니 자신이 원하는 것을 꾸며서 엄마에게 말했던 것이었다.

한번은 친구 생일이라 선물을 사야겠다고 해서 공주가 쓰는 관을 사서 보낸 적이 있다. 그런데 사실은 제가 갖고 싶어서 친구 생일이라고 거짓말을 한 것이었다. 엄마는 처음 몇 번이야 어려서 그러려니 하고 넘어갔는데 아이의 거짓말이 갈수록 심해지는 것 같아 걱정스럽다.

거짓말은 나쁜 말이니 하지 말라고 다그쳐 보기도 했으나 소용이 없다. 가끔은 민희가 하는 말이 거짓말인지 참말인지 구분하기가 힘든 경우까지 생기기도 한다. 이제는 어디서부터 어디까지 민희의 말을 믿어야 할지 엄마는 걱정이 된다.

민희 마음속에서는 지금…

"엄마와 아빠도 처음에는 내가 하는 말이 재미있다고 하며 웃었잖아요. 선생님에게 칭찬받았다고 하면 잘했다고 좋아했잖아요."

"난 엄마가 거짓말한다고 화내는 거 싫어요! 내가 하는 말은 진짜야!"

"공주님은 예쁜 관을 쓰고 앉아서 좋은 선물도 많이 받는다고 동화책에 나오잖아요. 책 보다가 생각나서 얘기한 건데 내가 뭘 잘못한 거예요?"

상상할 수 있는 능력이 생겼어요

이 시기 아이들의 거짓말은 더 큰 아이들의 거짓말과는 다른 측면에서 이해할 필요가 있다.

이 시기에는 인지 능력의 발달로 사고가 확장되기 때문에 이전 시기에는 할 수 없었던 '상상하기' '가장놀이' '뭐 하는 척하기' 등이 가능해지는데, 이러한 놀이를 통해 자신의 공상을 활발하게 펼쳐 보이게 되는 것이다.

어휘력이 풍부해졌어요

있지도 않은 일을 만들어낸다는 것은 긍정적으로 생각하면, 그러한 상황을 머릿속으로 그려낼 수 있는 능력이 생겼다는 것을 의미한다. 이는 자신이 만들어낸 가상의 어떤 것을 영상으로 시각화할 수 있음을 나타내기도 한다. 따라서 아이가 이러한 상상력을 언어를 이용해 표현할 수 있다는 것은 그만큼 어휘력이 발달했다는 증거이기도 하다.

나쁜 말과 거짓말을 구분하지 못해요

어린이의 인지 발달을 연구한 심리학자 피아제는 8세 이하의 아이들은 남을 속이는 거짓말의 진정한 의미를 이해하지 못한다고 했다. 즉 거짓말을 나쁜 말 정도로 이해한다는 것이다. 그러므로 이 시기의 아이들은 '바보' 같은 말도 거짓말이라고 생각할 수 있다.

상상과 현실의 구분이 모호해요

민희 또래의 아이들은 머릿속에 떠오르는 공상이나 상상, 꿈속의 일들을 현실인지 상상인지 제대로 구별하지 못한다. 상상과 현실이 공존하는 세상에서 살고 있기 때문에 만화 캐릭터와 자신을 동일시하기도 한다. 즉 엄마에게 하는 얘기들이 실제 일어난 일인지 마음에서 만들어낸 상상의 이야기인지 분명히 구분하지 못한다.

엄마가 너무 무서워요

아이의 잘못된 행동을 바로잡기 위해 너무 엄격하게 교육하는 경우, 아이는 잘못했을 때 솔직하게 말하면 혼날 것 같아 자기 행동에 대해 꾸미게 된다. 아직은 혼나지만 않으면 된다는 마음 상태에 머물러 있는 단계다. 이렇게 해서 한두 번 성공하게 되면 혼나는 것을 피하기 위해 거짓말을 하게 되고 거짓말인지도 모른 채 습관이 될 수도 있다.

상상과 공상을 그 자체로 인정해주세요

아이들이 부모에게 공상과 상상에 대한 얘기를 하면 이를 무시하지 말고 인정해준다. 자신의 공상을 사실인 양 말하는 아이에게는 다음과 같은 식으로 '사실이 아닌 공상' 임을 상기시켜주자.

"그래, 네가 그런 상상을 했구나."

"마치 그런 것 같은 기분이 들었구나."

"그랬으면 굉장히 재미있고 근사할 거라고 생각했구나."

"음, 어제 그런 꿈을 꾸었다는 것이지?"

부드럽지만 단호하게 거짓말을 지적해주세요

거짓말을 지적할 때는 부드러우면서도 단호한 태도를 취하도록 한다.

"네가 그렇게 되었으면 하고 바라는 것이지 그런 일은 없었잖아. 선생님이 주지도 않은 선물을 받았다고 말하는 것은 거짓말이야. 거짓말은 나쁜 행동인 거 알고 있지?"

"거짓말인 걸 알고 나면 엄마는 기분이 더 나빠진단다."

"민희가 선생님에게 매일 칭찬 듣지 않아도 엄마는 민희를 사랑해."

138

"엄마가 화내는 모습이 그렇게 미웠니? 그런데 화가 날 때는 화를 낼 수도 있어. 엄마가 언제나 화만 내는 것은 아니잖아. 기쁠 때는 잘 웃기도 하잖니?"

아이의 거짓말을 무시하거나 그냥 지나치지 마세요

아이가 처음 거짓말했을 때 대수롭지 않은 것으로 여기고 무시해 버리지는 않았을까? 말하는 게 신통해서 재미있게 웃고 넘어가지는 않았을까? 아이와 한 약속의 의미를 가볍게 생각해서 쉽게 약속하고 쉽게 깨뜨리지는 않았을까? 난처한 순간을 모면하기 위해 아이 앞에서 아무렇지도 않게 거짓말을 한 것은 아니었을까? 어린아이의 말이라고 쉽게 무시하지는 않았을까?

아이가 하는 말이라고 해서 무시하거나 그냥 지나치는 모습을 보여주면 아이 또한 엄마의 말을 무시하고 들을 만한 가치가 없다고 판단한다. 엄마는 언제나 진실을 얘기하고 있다는 믿음을 아이에게 심어주어야 한다. 또 아이의 작은 거짓말이 엄마의 마음을 아프게 한다는 것을 솔직하게 얘기하도록 한다.

칭찬을 남발하지 마세요

자녀에게 무조건 잘한다, 예쁘다, 최고다의 칭찬을 남발하는 것도 주의해야 한다. 약이 과하면 독이 된다고 칭찬에 익숙한 아이는 자신이 어디서든지 언제나 주목받아야 한다고 생각하기 쉽다. 즉 무엇이든지 자신의 뜻대로 되어야 한다는 자기중심적인 생각에 빠지기 쉽다. 때문에 부모의 기대에도 어긋나지 않고 자신도 편하고 원하는 쪽으로 말을 만들고 꾸미는 일들이 아이는 당연하다고 생각할 수 있다.

이런 말은 하지 말아요

"그럴 줄 알았어. 넌 입만 열었다 하면 거짓말만 하지? 너 아니면 누가 그런 짓을 해! 너 진짜 그런 식으로 할 거야? 어린 것이 벌써부터 거짓말을 입에 달고 사네!"

이렇게 말해요

"솔직하게 말하면 엄마, 아빠에게 혼날 거라고 생각했구나. 네가 아무리 재미있는 얘기를 해도 그게 거짓말이라면 엄마와 아빠가 즐겁지 않아."

Point 현실과 공상을 분명히 구분시켜주고, 부모가 원하는 바를 명확히 얘기해준다.

습관적으로 남의 물건을 그냥 가져와요

· · ·

소유 개념이 없는 아이

언제부턴가 유치원에 다녀온 동이 가방 안에서 엄마가 넣어주지 않았던 낯선 물건들이 하나씩 보이기 시작했다. 처음에는 연필이나 지우개, 색연필 같은 자질구레한 물건들을 친구가 줬다고, 오다가 길에서 주웠다고 하기에 정말 그런 줄 알고 지나쳤다.

한번은 지갑을 화장대 위에 두고 쓰레기를 버리러 나갔다 왔더니 지갑이 열려 있었지만 그냥 지나쳤다. 그런데 얼마 후, 동이가 엄마의 지갑을 열고 돈을 꺼내는 것을 목격했다. 엄마는 너무 놀라서 아이를 꾸짖었다.

그러나 그 후로도 동이는 종종 지갑에서 돈을 가져가고, 유치원에서 낯선 물건을 갖고 온다. 이러다가 바늘 도둑이 소 도둑 되는 건 아닐까 하는 걱정에 동이 엄마는 속이 탄다.

"난 로봇이 없어서 갖고 싶었는데, 친구는 로봇이 많아요. 친구는 이거 하나 없어도 괜찮을 것 같아서 그냥 갖고 왔는데 그게 잘못이에요?"

"예쁘잖아요. 마음에 들어서 가져왔어요. 엄마가 난 예쁜 아이니까 마음에 든 것은 모두 가질 수 있다고 했잖아요."

"친구들에게 과자를 주면 나랑 놀아주고 날 좋아해요. 그래서 친구들에게 과자를 사주려고 엄마 지갑에서 돈을 꺼냈어요."

"엄마가 사고 싶은 거 있으면 지갑에서 꺼내서 가져가라고 했잖아요. 엄마가 내 말을 안 듣고 있어서 그냥 가져갔어요. 그런데 왜 혼내는 거죠?"

자기만족이 먼저예요

대개 4세 이하의 아이들은 자기가 하고 싶은 것만 하려고 한다.

이렇게 자기만족이 먼저이기 때문에 친구의 물건이나 유치원에서 마음에 드는 물건을 그냥 가져오기도 한다. 5~7세가 되어야 비로소 부모가 바람직하다고 생각하는 행동 규범에 맞추어 행동하게 된다. 때문에 4세 이하, 5~7세 전후의 아이가 남의 물건을 허락 없이 가져오는 이른바 도벽 행동은 다양한 측면에서 생각해봐야 한다.

물건을 갖고 관심을 끌면 사랑받고 있다고 생각해요

이 시기에는 좋은 물건을 갖고 있어서 친구들의 시선과 관심을 끌게 되면 사랑을 받고 있는 것으로 착각할 수 있다. 따라서 사람들의 관심을 끌 만한 근사한 물건을 갖고 싶어 한다. 또 친구들에게 과자 등을 나눠주어 인기를 끌고 싶어하기도 하는데 이런 마음이 남의 물건에 손을 대게 한다. 물질적인 것이 관심과 사랑을 대신해줄 수 있다고 생각하는 것이다.

도대체 뭘 잘못한 거죠?

평소 아이가 원하는 것은 뭐든지 할 수 있다는 허용적인 양육 태도를 보여준 것은 아닐까? 갖고 싶은 것, 하고 싶은 것을 얘기하면 바로바로 들어주는 환경을 만들어주었을 경우, 아이는 세상 모든 것의 주인이 나라고 생각할 수 있다. 내 것을 내가 가져오는데 왜 잘못했다고 하는지 아이는 이해하지 못한다.

내 것과 남의 것을 구분하는 소유 개념을 심어주세요

이 시기의 아이들은 소유 개념이 없어서 갖고 싶다는 자기중심적인 생각만으로 남의 물건을 그냥 가져올 수 있다. 따라서 소유 개념을 심어줄 필요가 있다. 이 세상의 모든 물건들은 주인이 따로 있다는 것을 알려주자. 내 물건이 소중한 만큼 남의 물건도 소중해서 말없이 함부로 가져오면 안 된다는 것, 내 것이 아닌 다른 사람의 물건을 말없이 가져오는 것은 법과 규칙에 어긋난다는 것을 가르쳐주자. 또 내 물건은 스스로 잘 챙겨야 한다는 것도 알려주도록 한다.

자신이 한 행동에 대한 책임을 가르쳐주세요

남의 물건을 가져왔을 경우 아이가 직접 사과하고 되돌려주도록 한다. 이는 자신이 한 행동에 대한 책임을 가르치기 위한 것이다. 아이가 혼자 돌려주는 걸 어려워하거나 쑥스러워하면 부모가 함께 가서 물건을 되돌려주는 과정을 지켜봐주자.

"내가 잘못 알고 네 물건을 집에 가져갔어. 친구야 미안해."

"아저씨, 문방구에서 이 물건을 그냥 가져갔어요. 죄송해요. 다음엔 허락 없이 물건을 그냥 가져가지 않겠습니다. 한 번만 용서해주세요."

친구나 문구점 주인 앞에서 잘못을 얘기한 후에는 반드시 상대방의 용서를 확인한다. 그리고 다른 사람의 물건을 되돌려준 아이의 용기 있는 행동을 격려하고 칭찬해주자.

잘못에 대해 두고두고 탓하지 마세요

"너 예전에도 돈 훔쳤지? 내가 너 또 그럴 줄 알았어."

"네가 그렇지. 그 버릇이 어디 가겠어? 저리 가!"

아이가 예전에 저질렀던 잘못을 들춰내어 탓하는 것은 좋지 않다. 지나간 잘못을 되풀이해서 혼내면 반성하기는커녕 반감만 불러일으킬 수 있다. 또 잘못을 하고 들키지만 않으면 된다는 생각을 심어줄 수도 있다.

작은 물건이나 값이 싼 물건을 무시하지 마세요

아이 앞에서 가격이 싸거나 작은 물건을 무시하지 말자. 부모들 중에는 아이가 가져오는 작은 물건들을 별거 아닌 걸로 무시하거나 지갑을 열어놓은 채 방치하는 경우가 있는데, 이는 남의 물건을 말없이 가져오는 행동을 승인하는 것이나 다름없다.

이 시기 아이들은 어른들의 행동을 따라한다. 부모가 물건을 잘 관리하고 작은 것이라도 소중히 아끼는 일관된 태도를 보이면 아이들도 물건을 함부로 여기지 않게 된다.

이런 말은 하지 말아요

"이건 또 누구 거야? 오늘은 어디서 가져온 거야? 너 진짜 아무 거나 막 가져올래? 경찰 아저씨한테 잡아가라고 할까? 네가 도둑이야? 왜 남의 것을 훔쳐와, 엉?"

이렇게 말해요

"이건 동이 필통이 아닌데, 어디서 났지? 갖고 싶다고 친구 물건을 그냥 가져오면 안 돼! 친구 물건이니까 주인에게 돌려주자. 다음엔 갖고 싶은 물건이 있으면 엄마랑 얘기하자."

Point 물건을 가져온 행동을 밝히게 한 다음, 나쁜 행동이라는 것을 알려주고 해결 방안을 제시한다.

형을 자꾸 못살게 굴어요

· · ·

참을성 없는 아이

"와아! 형이 공부한다!"

"엄마, 훈이 좀 데려가요!"

다섯 살 훈이는 훼방꾼이다. 형이 공부만 하면 더 시끄럽게 떠들고 책을 빼앗아 달아난다. 형이 컴퓨터라도 할라치면 옆에 붙어 앉아 키보드를 마구 누르는 바람에 에러가 나기도 한다. 과자를 똑같이 사줘도 제 것은 감춰두고 형을 쫓아다니며 "형아, 하나만 주라. 하나만 주라. 응?" 하고 졸라댄다.

형이 귀찮은 나머지 "저리 가, 너도 있잖아. 엄마가 똑같이 사줬는데 왜 나한테 와서 그래?" 하면 훈이는 "아이, 그러지 말고 나 하나만 주라. 안 그러면 물어버릴 거야!"라고 말하며 정말로 형을 물어버린다. 그리고 형이 울음을 터뜨린 사이에 과자를 빼앗아 먹어 치운다.

날마다 이런 일이 반복되다 보니 형은 훈이가 다가오기만 해도 지레 겁을 먹는다.

그 광경을 지켜보는 엄마의 속은 말이 아니다. 말썽을 부릴 때마다 매를 들면 맷집만 느는 게 아닐까 싶어 참으려 하지만 훈이의 행동 앞에서 참기는 쉽지 않다. 결국 고래고래 소리 지르며 매를 들 수밖에 없다. 한 차례씩 이런 소동이 벌어질 때마다 훈이 엄마는 울고 싶어진다.

"소리 지르고 때리는 엄마는 되고 싶지 않았는데…. 우아한 엄마가 되고 싶었는데 갈수록 험악한 엄마가 되고 있어요. 어떻게 하면 훈이를 진정시킬 수 있을까요?"

훈이 마음속에서는 지금…

"엄마, 나도 억울해요. 형도 내 것을 빼앗아 먹잖아요. 그런데 엄마는 왜 나한테만 화를 내고 큰 소리를 치는지 모르겠어요."

"형을 방해하려는 게 아니었어요. 형이랑 같이 공부하고 놀고 싶어서 그런 거예요. 정말이에요."

"왜 형만 공부해! 나도 형만큼 할 수 있다구요. 형은 하는데 나는 왜 못 해!

엄마, 아빠의 관심이 필요해요

4~5세 시기에는 자기보다 능력 있고 모든 일을 잘하는 형이나 언니를 부러워한 나머지 질투하기도 한다. 이 시기 아이들은 부모의 사랑과 인정을 받고 싶어 하지만 자신보다 유능한 형이나 언니에게 가려져 칭찬을 듣기가 어렵다. 그래서 시기하는 마음을 갖게 되고, 부모의 칭찬을 받지 못한 억울한 심정을 형이나 언니를 괴롭히는 행동으로 표현하게 된다.

같이 놀고 싶어해요

아이가 "형을 방해하지 마라"는 엄마의 말을 듣지 않는 것은 형과 놀고 싶은 욕구가 너무 강하기 때문이다. 형과 놀고 싶은 마음으로 꽉 차서 엄마의 말이 들리지 않는 것이다.

자기가 힘든 만큼 형도 힘들어야 한다고 생각해요

'이에는 이, 눈에는 눈' 의 시기다. 자신을 힘들고 어렵게 만든 사람에게 똑같이 해줘야 한다는 생각을 당연하다고 믿는다. 형이 자신을 섭섭하게 했던 일만 생각하고 억울하다는 마음만 가득한 것이다. 아직은 타인의 입장에서 상황을 이해하는 것이 힘들기 때문이다.

눈을 맞추고 엄마의 말에 집중하게 하세요

먼저 이름을 불러 행동을 중단시키고 아이와 눈을 맞춰 엄마의 말에 집중하게 해야 한다. 아이가 눈을 맞추지 않으려고 하면 두 팔을 붙잡고 단호한 태도로 "안 돼!"라고 하여 제지하도록 하자.

그런 다음 아이의 눈을 마주 보며 "왜 그렇게 화가 났어?" 하고 아이의 마음을 읽는다. 그리고 "형이 공부하는데 뛰어다니면 안 되는 거야!"라고 말을 한다.

화나고 억울한 마음을 말로 표현하게 하세요

억울한 마음을 행동이 아닌 말로 표현하는 방법을 알려주자.

"화가 날 때는 형을 물지 않고 다른 방법으로 마음을 표현할 수 있어. 화가 난 마음을 말로 표현하는 거야. '아까 형이 나를 때려서 아프고 정말 화가 났었어. 그래서 나도 형을 때리고 싶어' 라고 말야."

아이가 말로 자신의 감정을 표현하면, 잘잘못을 가려주고, 실제로 형이 먼저 건드려서 화가 났다면 사과를 하게 하자. 이런 과정을 통해 감정 표현을 정확한 언어로 표현하면 해결도 빠르고 마음이 후련해진다는 것을 가르쳐줄 수 있다.

해야 할 일과 하지 말아야 할 일들을 아는 것은 사회화 과정에 매우 중요하다. 이를 위해 어릴 때부터 자기 통제력을 키워주어야 한다. 자기 통제력을 키워주기 위해서는 제멋대로 행동하는 것보다 조금 참고 마음을 말로 표현하는 것이 더 효과적이라는 사실을 자꾸 경험하게 하는 것이 필요하다.

이런 말은 하지 말아요

"넌 동생이 돼 갖고 왜 그렇게 형을 못살게 구는 거야? 너 때문에 형이 공부를 못 하잖아. 언제쯤 정신을 차릴 거야? 내가 너 때문에 못 산다, 정말!"

이렇게 말해요

"네가 책상 위로 올라가는 거 엄마는 싫어. 형이 공부하는 데 방해되잖아."

Point 다른 사람을 불편하게 하는 행동이라는 것을 알려 분명하게 알려준다.

어디서 배웠는지 욕을 해요

· · ·

욕하는 아이

여섯 살배기 현범이가 또래 친구들과 무궁화 꽃이 피었습니다 놀이를 하다가 갑자기 얼굴을 붉히며 욕설을 내뱉는다.

"이 짜식이? 너 맞아볼래? 개XX야!"

"씨XX이 꼭 나만 움직였다고 해! 나 안 움직였다니까. 눈 똑바로 뜨고 지키란 말이야, 이 바보XX야!"

그 모습을 지켜보던 엄마는 너무 놀라서 입이 딱 벌어지고 말았다. 여섯 살짜리 입에서 저런 욕이 나오다니, 도대체 어디서 배운 것일까? 누가 보면 가정교육이 엉망이라고 손가락질하지 않을까 걱정이다.

아니나 다를까! 다른 엄마들이 의아스러운 눈빛으로 현범 엄마를 쳐다보며 한마디씩 한다.

“어머, 저런 욕을 어디서 배웠을까?”

“현범이가 못 보던 사이에 입이 많이 거칠어졌네.”

현범이 엄마는 쥐구멍에라도 들어가고 싶은 심정이다. 집으로 돌아오는 길, 엄마는 현범이에게 묻는다.

“현범아, 그런 말 어디서 배웠어? 누가 그런 말을 하든?”

“다 해요. 진우도 하고 동민이도 하고 다 해요.”

“그래? 그런데 그 말이 무슨 뜻인지는 알아?”

“아니, 몰라. 그냥 애들이 다 하니까 나도 하는 거야. 재밌잖아. 이XX야! 야, 씨XX야! 뻑 큐! 엄마도 재밌지? 그렇지?”

무슨 뜻인지도 모르고 그저 재미삼아 욕을 한다니, 무턱대고 야단을 칠 수도 없고, 그렇다고 내버려둘 수도 없고…. 이런 경우 어떻게 해야 하는 걸까?

현범이 마음속에서는 지금…

“놀이터에 가면 형들이랑 친구들이랑 전부 다 이런 말을 해요. 그래서 나도 같이 한 거예요.”

“나쁜 말이라구요? 아빠가 보는 영화에서도 이런 말을 하는데, 도대체 나쁜 말은 뭐고 좋은 말은 뭐죠?”

사용하고 있는 단어의 뜻을 잘 몰라요

아이들은 말을 할 때 무슨 뜻인지, 어떤 경우에 사용해야 하는지도 모르고 말하는 경우가 많다. 어휘력이 늘어나는 시기에는 다른 사람들과 말로 의사소통을 할 수 있다는 것만으로도 경이로움을 느껴서 새로운 단어를 사용하는 데 재미를 느끼게 된다. 그래서 주변에서 들리는 말을 뜻도 모르고 마구 사용하게 되는 것이다.

어리니까 그냥 봐 줬어요

어린아이들이 욕하는 모습을 보면 걱정하기보다 가볍게 웃어넘기는 경우가 많다. 아직 어린데 뜻이나 알고 했겠느냐는 마음에서, 그리고 그 조그만 입으로 욕하는 모습이 귀엽기도 해서 웃어넘기게 되는 것이다. 그러나 부모가 이런 반응을 보이면 아이들은 욕을 해도 괜찮다고 생각할 수 있다.

따라서 아이들이 욕이 섞인 표현을 할 때는 분명히 바로잡아줄 필요가 있다. 욕은 나쁜 말이고, 다른 사람의 기분을 상하게 하는 말이라는 것을 알려주어야 한다.

화나 분노 표현을 욕으로 대신해요

아이들은 나이에 따라 분노를 표현하는 방법이 다르다. 3세 정도의 아이는 화가 나면 울거나 떼를 쓰거나 손발을 버둥거리는 식으로 분노를 표현한다. 그런데 4세 정도가 되면 "바보" "죽어" 같은 욕이나 위협적인 말을 하기 시작한다. 화가 나거나 마음이 언짢으면 욕이 섞인 말을 더 많이 하게 된다. 화가 나는 감정을 욕으로 표현해 상대방을 화나게 만들려는 의도가 있는 것이다.

이런 행동을 내버려두면 화가 날 때마다 욕설을 내뱉는 아이가 될 수 있다. 따라서 어릴 때부터 화를 다스리는 적절한 방법을 알려줄 필요가 있다.

"친구가 같이 안 놀아줘서 화가 났구나. 친구한테 같이 놀자고 말해봤어? 현범이가 놀자고 하면 친구도 기뻐할 거야."

아이 주변에 욕설을 내뱉는 부정적인 모델이 있나요?

아이 주변에 욕설을 사용하는 사람이 있는지 살펴보자. 어른들의 행동을 쉽게 따라하는 시기에는 주변서 욕을 자주 하는 사람이 있으면 아이들은 아무렇지 않게 욕을 따라하게 된다. 직접 욕을 하는 사람이 없더라도 텔레비전 등을 보면서 욕을 배울 수도 있다. 욕을 가르치지 않더라도 곁에서 지켜보는 것만으로도 학습이 충분히 이뤄질 수 있다는 점을 명심하자.

욕을 내뱉었을 때는 즉시 나쁜 행동임을 알려주세요

아이가 욕설이 섞인 말을 하면 그 자리에서 바로 나쁜 행동임을 알려주어야 한다. 먼저 아이의 손을 잡고 눈을 마주 본 다음, "현범아, 친구한테 욕하는 건 나쁜 행동이야. 나쁜 행동은 하지 않아야 해"라고 욕을 사용하는 것이 나쁜 행동임을 분명히 말해주고 사용하지 못하도록 엄하게 말해야 한다.

아이가 화가 난 마음을 표현하기 위해서는 다른 대안이 있음을 알려준다.

화나 분노를 표현하는 적절한 방법을 알려주세요

분노를 참지 못하고 욕을 하는 아이에게는 분노의 감정을 말로 표현하는 방법을 가르쳐줄 필요가 있다. 이를 위해서는 먼저 아이의 등을 토닥이면서 "동생이 현범이 물건을 자기 것이라고 우겨서 많이 속상했지?" 하고 아이의 감정을 헤아려주도록 한다. 자신의 감정을 이해받은 후, 엄마의 이야기를 받아들일 자세가 되면 아이에게 다음과 같이 감정을 표현하는 방법을 일러준다.

"동생이 아무리 잘못했어도 그렇게 나쁜 욕을 하는 건 좋지 않아. 화가 날 때는 욕을 하는 게 아니라 화가 난 마음을 동생한테 말로 애기할 수 있어" "현범아, 네가 형 물건을 가져가서 네 것이라고 우기고 억지를 부리니까 굉장히 화가 나. 참기 어려울 정도로 화가 난단 말이야"라고 말할 수 있음을 알려주고 할 수 있도록 도와준다.

"누가 그런 말을 알려줬어? 너 그게 얼마나 나쁜 말인지 알아, 몰라? 조그만 게 어디서 나쁜 말만 배워가지고 함부로 욕을 하니? 맞고 싶으면 또 욕 해!"

"현범아, 그런 말은 나쁜 말이니까 하면 안 돼. 화나고 속상한 일이 있으면 말로 너의 마음을 표현해 봐."

Point 단호하고 엄격한 태도로 써서는 안 되는 말임을 알려주고 대안을 제시해준다.

일곱 살인데 자위를 해요

. . .

자위하는 아이

예슬이네는 아빠가 예슬이를 목욕시켜준다. 엄마가 예슬이와 동생 둘 다 목욕을 시키는 일이 힘들기 때문이다. 그런데 어느 날 예슬이 방에 들어갔던 아빠가 당황한 모습으로 문을 꽝 닫고 나왔다.

예슬이가 침대 위에서 팬티 안에 손을 넣은 채 만지작거리고 있더라는 것이다.

엄마는 속으로는 놀랐으면서도 "애들은 다 그러면서 큰다고 하잖아"라고 말했다. 그러나 아빠는 "그래도 그렇지. 이제 일곱 살밖에 안 된 애가 벌써 그런다는 게 말이 돼? 나 원 참, 내 딸이 그런 짓을 하다니 믿을 수가 없네" 하면서 고개를 설레설레 흔들었다.

그 후 예슬이를 대하는 아빠의 태도는 눈에 띄게 달라졌다. 딸에게 눈길도 주지 않고 쌀쌀맞게 대하더니, 느닷없이 아이 방 문을 열어보기도 한다. 아빠가 방문을 벌컥벌컥 열 때마다 예슬이는 깜짝깜짝 놀라서 울고, 그런 두 사람을 지켜보는 엄마의 마음도 편치 않다. 아이의 자위행위, 어떻게 대처하는 것이 바람직할까?

"아빠, 내가 그렇게 이상해요? 아빠가 날 그런 눈으로 보면 너무 슬퍼져요. 내가 정말 이상한 아이예요?"

"안 그러고 싶은데 자꾸만 손이 가요. 엄마한테 혼나고 아빠한테 꾸지람 들으면 나도 모르게 손이 팬티 안에 들어가 있어요. 그냥 저절로 손이 들어가요. 어떻게 해요?"

성적 에너지가 성기에 집중되는 시기예요

정신분석의 대가인 프로이트는 아이의 발달 과정을 성적 발달 순서와 관련지어 설명했다. 그에 따르면 4~7세의 아이들은 성적 에너지가 성기 부분에 집중한다. 성기를 중심으로 성 역할이나 성 의식이 발달하는 시기라는 것이다. 따라서 이 시기 아이들이 자위행위를 하는 것은 자연스러운 현상이다.

심리적인 불안함의 표현일 수 있어요

많은 아이들이 이 시기에 자위행위를 하지만 대부분의 경우 몇 차례 하다가 성장하면서 사라지게 된다. 그러나 간혹 지속적으로 반복하는 아이들이 있는데, 이런 경우에는 심리적인 원인을 살펴보아야 한다. 심심할 때 어쩌다 하게 된 것이 반복되거나 외롭거나 불안한 마음에 위로가 필요하여, 그리고 스트레스와 욕구 불만 등으로 자위행위를 반복할 수 있기 때문이다. 지나치게 성에 관심을 보이고 자위행위를 반복할 때는 아동심리 전문가를 만나보는 것이 좋다.

분위기를 바꿔주세요

아이가 자위하는 행동을 목격했을 때 혼내고 때리거나 겁주는 것은 좋지 않다. 이런 반응은 아이를 위축시키고 자신감을 잃게 만들어 자위행위에 더 집착하게 할 수도 있다. 따라서 윽박지르기보다는 성적 에너지를 밖으로 방출할 수 있도록 흥미로운 도구나 관심거리로 아이의 주의를 환기시켜주는 것이 좋다.

발달 과정의 일부로 자연스럽게 받아들이세요

아이가 자위행위 같은 성적인 행동을 한다고 해서 놀라거나 화를 낼 필요는 없다. 아이의 행동은 발달의 과정에서 생기는 자연스러운 변화라는 점을 이해해야 하고, 성교육을 시작하는 것이 좋다. 성기는 소중하므로 조심스럽게 다뤄야 한다는 것을 알려주고, 해야 할 행동과 하지 말아야 할 행동 등을 차근차근 알려주도록 한다.

5~6세가 되면 이성 부모와 목욕하면 안 돼요

아이들이 성장하면 부모는 아이와 함께 목욕하는 것에 대해서 고민을 하게 된다. 언제까지 이성의 부모와 함께 목욕을 해도 되는지 확신할 수 없기 때문이다. 전문가들은 자녀가 2~3세 정도까지는 이성의 부모와 함께 목욕을 해도 괜찮지만, 그 후에는 동성의 부모와 목욕하는 것이 더 바람직하다고 말한다. 부모와 자녀 사이에 대화가 충분히 이뤄지지 않는 상태에서 신체 접촉을 자주 하는 경우, 자칫 아이는 신체 접촉이 유일한 소통 방식이라고 착각할 수도 있기 때문이다.

자위행위를 반복하는 아이들 중에는 심리적인 문제를 겪고 있는 경우가 많다. 대개 아이들의 심리적 문제는 부모에게 사랑받고 싶은 욕구를 충족하지 못하는 데서 비롯된다. 따라서 이런 경우, 부모의 각별한 사랑이 필요하다. 아이가 부모에게 사랑받는다는 느낌을 갖게 하려면 무엇보다 아이에게 관심을 기울이는 것이 우선이다. 관찰과 대화를 통해 아이가 무엇을 좋아하는지, 무엇을 원하는지 알아내고 그에 반응할 때 아이는 부모의 사랑을 느끼고, 욕구가 충족되는 기쁨을 느끼게 되어 더 이상 자위행위를 할 필요가 없어지게 된다.

이런 말은 하지 말아요

"너 도대체 뭐하는 짓이니? 한두 번도 아니고. 당장 그만 못 둬! 너 자꾸 그러면 병 걸려 죽어!"

이렇게 말해요

"예슬아, 더러운 손으로 만지면 병균이 들어가고 아플 수 있어. 자, 일어나서 엄마랑 공원에 가보자."

Point 해서는 안 되는 이유에 대한 정확한 정보를 제공하며 분위기를 전환시키고 성과 관련된 대화 시간을 갖는다.

부모와의 관계양식은 아이의 이후 대인관계 틀을 제공한다.

남자 아이는 아빠처럼 면도하기와 같은 남성 특유의 행동을 따라 하기도 하고 스스로를 아빠라고 부르며 흉내를 내거나 그 힘을 엄마에게 똑같이 행사하려고도 한다. 이러한 행동을 동일시 행동이라 하며 아이는 이를 통해 남성성을 배워나간다.

여자 아이 역시, 엄마처럼 옷에 관심이 많아지고 더 여성스럽게 꾸며 엄마보다 아빠에게 더 매력적으로 보이기 위해 애쓴다. 크면 아빠와 결혼하겠다고 다짐을 하기도 하며 아빠에게 많은 관심을 보인다. 이렇게 여성적인 역할과 성의식이 발달하는 것이다.

이 시기의 부모는 이성의 자녀에게 절대적인 존재가 된다. 그래서 딸(아들)은 아빠(엄마)가 자신을 인정하고 대하는 태도를 통해 대인관계 방식을 습득하게 된다.

아빠가 딸을 목욕시키거나 엄마가 아들을 목욕시켜주는 것이 아이의 자위행위와 직접적인 관련이 있는 것은 아니다. 하지만 아이가 자라면서 부모가 주의해야 할 행동들 중에 목욕 중의 신체 접촉이 포함되는 것은 분명한 사실이다.

현재 드러나는 갈등을 어떤 방식으로 해결하느냐는 이후의 사회적 관계나 문제 해결에 대한 실마리를 제공하는 기본 틀을 만들어준다. 그러므로 이성의 부모와 목욕을 자주 하게 되면 갈등이나 문제가 생겼을 때 신체적으로 접촉하는 방법이 가장 효과적이라고 무의식적으로 배울 수도 있다. 부모가 남성과 여성으로서 건강하게 관계를 맺는 방식을 보여주는 것이 필요하다.

밤마다 잠을 못 자요

잠자는 데 어려움을 겪는 아이

민수는 아기 때부터 쉽게 잠을 못 이루는 아이였다. 한번 잠이 들려면 적어도 한두 시간이 걸리고, 잠이 들어도 기껏해야 30분 정도 지나면 깼다. 잠귀가 어찌나 밝은지 살며시 속삭이는 소리에도 깨서 칭얼거리기 일쑤였고, 우는 아이를 재우기 위해 새벽에 드라이브를 다닌 날도 부지기수였다.

이런 잠버릇은 다섯 살이 된 지금까지 이어지고 있다. 게다가 요즘에는 자다가 일어나서 돌아다니는 버릇까지 생겨서 부모에게 걱정을 안겨주고 있다. 혼잣말을 중얼거리다 아무 데나 걸리면 그 자리에 쓰러져 잠이 들기도 한다. 다음날 민수에게 물어보면 아무것도 기억하지 못하는 눈치다. 정말 모르는 것일까라는 마음이 들 정도로 민수 행동은 이해가 가질 않고 걱정스럽기만 하다.

"엄마, 나도 편안하게 자고 싶어요. 하지만 밤만 되면 작은 소리도 크게 들리고, 한번 잠이 깨면 다시 잠들기가 힘들어요."

"불이 너무 환하고 아빠도 아직 안 자는데 왜 나만 자요? 난 아빠랑 엄마랑 같이 자고 싶어요. 혼자 자기 싫어요!"

"나도 모르겠어요. 내가 자다가 돌아다닌다는 거지요? 내가 이상하다는 얘기인가요?"

"잠을 자기 싫어요. 잠만 자면 무서운 꿈을 꾸니까요. 그냥 안 자고 엄마랑 같이 놀고 싶어요."

잠자는 게 어려워요

생후 1년 동안 아이가 잠을 잘 자지 않는다고 호소하는 부모들이 많다. 2세 이하의 아이들은 잠들기 전에 혼자 조용히 놀거나 형제와 논다. 3세 정도가 되면 낮잠 시간에 잠들지 않고 누워 있기도 한다.

좀 더 나이가 들면 방에 불을 켜놓은 채 자고 싶어 한다.

아이에 따라서 동물 인형이나 담요와 같이 좋아하는 물건을 품에 안고 자고 싶어하는데, 집착하는 정도가 지나치지 않다면 걱정할 만한 일은 아니다.

억지로 재우려고 하면 더 잠들기 힘들어요

5세 정도가 되면 더 늦게 자려고 한다. 엄마, 아빠는 안 자면서 자기만 자라고 하면 더욱 자기 싫어한다. 어른도 억지로 자려고 하면 잠이 오지 않는 것처럼 아이도 억지로 재우려고 하면 쉽게 잠이 들지 않는다.

스트레스 받으면 잠을 못 자요

아이들의 행동을 잘 관찰해보면 낮에 과격하게 놀았을 때 저녁에 편히 잠들지 못한다. 또 심하게 꾸중을 듣거나 벌 받은 날에는 자다 깨다를 반복하며 깊이 잠들지 못하는 불안한 모습을 보이기도 한다.

가정에 어떤 사고가 생겼거나 가족 중 누가 아플 때도 아이들은 잠을 잘 못 자거나 밤중에 자다가 부모를 깨운다. 다시 말해 스트레스를 받으면 편안하게 잠들지 못하는 것이다.

엄마랑 떨어지기 싫어해요

부모와 갈등이 있을 경우에도 수면 장애를 일으킬 수 있다. 부모와 갈등이 있으면 아이는 마음이 불안해서 편히 잠들지 못한다. 낮 시간에 오랫동안 부모와 떨어져 지내는 데 대한 스트레스로 잠을 못 드는 경우도 있다. 또 부모가 우울이나 불안 등 심리적인 갈등으로 아이를 제대로 돌봐주지 못할 때 아이는 자신의 잘못 때문에 부모가 자신을 잘 돌봐주지 못한다는 식으로 자학을 하게 된다. 이러한 자학은 불안감으로 이어져 수면장애를 일으키기도 한다.

부모 자신을 돌아봐요

부모가 심리적으로 불안해서 예민하게 아이를 야단치고 짜증 내는 건 아닌지 생각해보자. 이 시기 아이들은 부모의 기분이 언짢아 보이면 자신 때문이라고 오해한다. 상황을 객관적으로 파악하지 못하고 자기중심적으로 생각하기 때문에 부모가 불편해하는 것도 자기 때문이라고 생각할 수 있다. 따라서 언짢은 일이 있거나 화가 날 때는 아이 때문이 아니라는 점을 분명히 말해주는 것이 중요하다.

잠을 잘 자기 위해서 저녁 시간에는 될 수 있으면 신체적으로 격한 운동이나 놀이를 삼가는 것이 좋다. 신체적 피로나 흥분 상태가 수면을 조절하는 기능을 방해할 수 있기 때문이다.

또 아이와 함께 잠자리를 준비하는 시간을 갖는 것도 좋다. 우선 베개와 이불을 준비하고 잠옷을 입는다. 잠들기 전까지는 곁에서 누군가가 지켜줄 것이고 언제라도 도움을 요청하면 달려와 안아줄 수 있다는 것을 알려준다.

그리고 예쁜 소리로 알람을 맞춰 잠잘 시간이 되었음을 알린다. 알람이 울리면 아이는 자신이 좋아하는 인형이나 자동차를 갖고 이부자리로 들어가고 엄마는 동화책을 읽어주면서 즐거운 꿈나라 여행을 준비하도록 한다. 아이가 완전히 잠들 때까지 마음을 안정시켜주는 것도 잊지 말아야 한다.

수면문제는 자연스러운 발달 과정이에요

아이의 수면문제에 부모가 너무 예민하게 반응하는 것은 좋지 않다. 수면문제는 대부분의 아이들이 발달 과정에서 겪는 문제이기 때문이다. 따라서 수면문제를 겪는다고 해서 아이가 특별히 이상이 있다고 생각할 필요는 없다. 간혹 몽유병과 야경증, 악몽 등을 심하게

겪는 아이들이 있는데, 이런 경우에는 6장의 수면장애 편을 참고하
도록 하자.

수면의 어려움은 어둠에 대한 두려움과 관련될 수 있다. 따라서
잘 때만 켜놓는 수면등을 따로 마련해 불빛을 적절히 조절하는 것도
좋다. 아이가 좋아하는 물건을 가까이 두어 긴장을 풀어주고, 심호
흡을 천천히 5회 정도 하면서 마음을 진정시키는 것을 가르치도록
한다.

스스로에게 지시하는 말을 긍정적으로 바꿔요

잠을 자기 싫어하는 아이들은 대부분 밤을 두려워한 나머지, 밤
에 어떻게 될지도 모른다는 부정적인 생각에 사로잡혀 있다. 이런
아이들에게는 밤은 무섭지 않다는 긍정적인 생각, 어둠을 이겨낼 수
있다는 용기를 심어주는 것이 필요하다.

수면문제는 아이가 성장하면서 차츰 사라져 초기 청소년기에 없
어지는 경향이 있다. 그렇다고 세월이 흘러 자연스럽게 사라지기만
을 기다리는 것은 현명하지 않다. 수면문제가 수년간 지속되다 보면
가족들은 상당한 스트레스를 겪게 되고 이로써 2차적인 심리적 갈
등과 정서적 불안을 유발하게 되기 때문이다.

"너 때문에 내가 못 산다. 왜 잠을 못 자는 거야? 빨리 안 자? 눈 감어!"

"민수가 걱정이 많아서 잠을 자기가 힘든가보다. 민수가 걱정하는 걸 여기에 다 적어볼래? 자, 이걸 어디에 둘까? 그래, 이 상자 속에 꼭 가둬놓자. 그럼, 이제 엄마가 책 읽어줄게. 눈감고 들어볼래?"

Point 아이가 걱정하는 마음을 공감해주고 마음을 안정시켜준다. 잠을 잘 수 있는 다른 해결 방법을 제시해준다.

6장

우리 아이, 전문가의 도움을 받아야 할까요?

우리는 몸이 잘리고, 피가 나고 눈에 보이는 상처가 생겨야 아픈 줄 안다.

하지만 눈에 보이는 상처보다 눈에 보이지 않는

마음의 상처가 훨씬 더 큰 후유증을 남긴다.

눈에 보이는 상처는 약을 바르고 반창고를 붙여 덧나지 않게 할 수도 있지만

눈에 보이지 않는 상처는 적절히 치료받을 시기를 놓치면 곪아가고 썩어간다.

《사랑이 서툰 엄마, 사랑이 고픈 아이》(이보연) 중에서

아이를 낳고 키운다고 저절로 만능 부모가 되지는 않습니다.

아이를 사랑해도 실수할 수 있고,

사랑에 서툴러서 아이의 마음을 아프게 할 수도 있습니다.

아이의 마음에서 아픔이 느껴질 때,

부모의 노력으로도 낫지 않을 만큼 상처가 깊을 때

전문가에게 도움을 청해보세요

주의력결핍과잉행동장애

이 시기에 대부분의 아이들은 활동력이 왕성하고 부주의하며 충동적으로 행동한다. 따라서 아이에게 주의력 결핍의 문제가 있는지를 확인하는 것은 어렵다. 그러나 다음의 항목들을 주의 깊게 살피고 확인해본다면, 아이에게 적절하게 도움을 줄 수 있을 것이다. '주의력결핍과잉행동장애'는 7세 이전에 나타나기 때문에 나이가 어려도 발견할 수 있다.

다음의 항목들은 DSM-IV(정신장애 진단 및 통계 편람 4판)의 진단 기준이다. '주의력결핍과잉행동장애'는 부주의 유형과 과잉 활동-충동성 유형, 그리고 부주의와 과잉 활동-충동성의 결합 유형이 있다.

A. 부주의 우세형

① 세부적인 것에 세심한 주의를 기울이지 못하고 학업이나 일, 또는 다른 활동들에서 부주의한 실수를 자주 한다.

② 과제나 놀이 활동에 지속적인 주의를 주는데도 종종 어려움을 겪는다.

③ 누군가가 자신에게 말하는 것을 잘 안 듣는 것처럼 보이는 경우가 많다.

④ 지시에 따라 일을 하지 못하고 학업이나 하기 싫은 일, 일터에서의 의무를 완수하지 못하는 경우가 잦다(지시를 제대로 이해하지 못하거나 반항적인 행동 때문에 그러는 것이 아니다).

⑤ 과제나 활동을 체계적으로 조직화하는 데 어려움을 자주 겪는다.

⑥ 지속적으로 정신적 노력을 필요로 하는 학업이나 숙제 같은 과제를 하지 않거나 싫어하는 일이 자주 일어난다.

⑦ 과제나 활동에 필요한 것들을 자주 잊거나 분실한다(예를 들면 숙제, 연필, 책, 도구들이나 장난감).

⑧ 자기와 관련 없는 외부 자극에 쉽게 관심을 빼앗긴다.

⑨ 매일 하는 일상적인 활동들을 자주 잊는다.

B. 과잉 활동 – 충동성 우세형

과잉 활동

① 손이나 발을 만지작거리거나 자리에 가만히 앉아 있지 못한다.

② 자기 자리에 가만히 앉아 있어야 하는 상황에서나 수업 시간에 자리에 앉아 있지 못한다.

③ 뛰거나 소란을 피워서는 안 되는 장소에서 과도하게 뛰거나 기어오른다(청년이나 성인들의 경우에는 들떠 있는 듯한 느낌을 갖게 될 것이다).

④ 여가 활동에 조용히 참석하지 못한다.

⑤ 끊임없이 활동하거나 마치 시동 걸린 자동차처럼 계속 움직인다.

⑥ 지나치게 수다스럽게 말을 한다.

충동성

① 질문이 끝나기도 전에 성급하게 대답한다.

② 차례를 기다리지 못한다.

③ 다른 사람의 활동을 방해한다(예를 들면 대화나 게임에 참견한다).

- A나 B 항목에 있는 증상 중에서 적어도 6개 이상이 아이의 발달 수준에 적합하지 않을 정도로 6개월 이상 지속되어야 한다.
- 7세 이전에 나타나야 한다.
- 적어도 두 장소(예를 들면 학교와 집)에서 나타나야 한다.

반항성 장애

이 시기의 아이들은 자신의 주도성을 발달시키기 위해 대체로 거부적인 태도를 보이기도 한다. 흔히 공포의 두 살, 미운 네 살이라고 말하는 것처럼 아이들은 정상적인 발달 과정에서 어느 정도의 거부적인 행동을 보이기도 한다. 이 정도가 좀 더 넘어서면 반항성 장애가 될 수 있다.

중요한 점은 어린 시기에 나타나는 반항적이거나 적대적인 행동들은 나이가 들어서 사라지기보다는 지속적으로 나타날 수 있다는 것이다. 또한 성장함에 따라 아이의 발달에 더 파괴적이고 치명적인 영향력을 행사할 수도 있다. 정상적인 거부증은 2~3년 지나면서 사라진다. 따라서 초기에 발견하여 적절한 교육과 치료를 통해 보다 발전적인 방향으로 아이의 발달을 도와야 할 것이다.

　반항성 장애는 까다로운 기질(잘 흥분하고 진정되기 힘든), 활동량이 많은 아이에게 잘 나타나는 경향이 있다. 또한 양육자가 자주 바뀌고 아이에 대한 보살핌이 소홀한 가정, 또는 엄격하고 모순되거나 자녀 양육이 소홀한 가정에서 흔히 나타난다. '주의력결핍과잉행동장애'는 반항성 장애가 있는 아이에게서 더 흔하다.

　거부적·적대적·도전적 행동들이 적어도 6개월 이상 지속되고, 다음 중 4개 이상에 해당될 때 반항성 장애 진단이 가능하다.

① 버럭 화를 낸다.

② 어른과 논쟁한다.

③ 적극적으로 어른의 요구나 규칙을 무시하거나 거절한다.

④ 고의적으로 타인을 귀찮게 한다.

⑤ 자신의 실수나 잘못된 행동을 남의 탓으로 돌린다.

⑥ 타인에 의해 쉽게 기분이 상하거나 쉽게 신경질을 낸다.

⑦ 화내고 원망한다.

⑧ 악의에 차 있거나 앙심을 품고 있다.

- 나이가 비슷하거나 동일한 발달 수준에 있는 아이들에 비해 더 자주 반항적인 행동을 보일 때 위의 항목들을 고려해볼 수 있다.
- 이러한 행동들 때문에 사회적·학업적·직업적 기능에 임상적으로 심각한 장해를 일으킨다.

배설장애

배설장애는 대소변의 통제, 조절과 관련된 장애로 대소변 가리기 훈련을 성공적으로 마쳤거나, 가릴 나이가 되었음에도 대소변의 실수를 보이는 것을 말한다. 대소변은 유아기에 조절해야 하는 신체기능으로 이 습득 과정은 부모와의 관계에서 가장 큰 갈등을 일으키는 것 중 하나다. 배설 통제와 조절의 어려움은 많은 유아들에서 발견되는 흔한 증상들이기도 하다.

1) 유분증

① 필수 증상은 적절하지 않은 곳(예를 들면 옷 또는 마루)에 반복적으로 대변을 보는 것이다.

② 대부분 인식하지 못하는 사이에 일어나기도 하지만 때로는 의도

적이기도 하다.

③ 3개월 동안 최소한 매달 1회 발생해야 배설장애로 볼 수 있다.

④ 어린아이는 생활 연령이 최소 4세가 되어야 한다(발달 지연이 있는 경우는 정신 연령이 4세 정도이어야 한다).

- 대개는 부적절하고 일관성 없는 대소변 가리기 훈련, 입학이나 동생이 태어난 것과 같은 심리사회적 스트레스가 유발 요인이 될 수 있다.

2) 유뇨증

① 필수 증상은 밤이나 낮 동안 침구나 옷에 반복적으로 소변을 지리는 것이다.

② 대부분 오줌을 지리는 것을 모르기도 하지만 때로는 의도적이기도 하다.

③ 소변 지리기가 적어도 3개월 동안 주 2회의 빈도로 일어나고, 사회적·학업적 또는 다른 중요한 기능 영역에서 심각한 고통이나 장해를 일으켜야 한다.

④ 어린아이는 생활 연령이 최소 5세가 되어야 한다(발달 지연이 있는 경우는 정신 연령이 5세 정도이어야 한다).

- 유뇨증의 심각성 정도는 사회활동의 제한 정도, 낮은 자존심, 친구들로부터의 배척 수준, 돌보는 사람의 분노나 처벌, 거부에 의해 영향을 받는다.

- 유뇨증을 보이는 경우, 유분증이나 수면 중 보행장애나 경악장애가 함께 나타나기도 한다.
- 유발 요인으로는 늦어지거나 느슨한 대소변 가리기 훈련, 심리사회적 스트레스, 대소변 조절 능력의 장애, 자발적 배뇨를 할 수 없을 정도의 낮은 방광 용적 등이 지적되고 있다.

분리불안장애

분리불안장애는 여러 종류의 불안장애 중에서 유아기에 가장 흔히 발견되는 장애 중 하나다. 주로 다음과 같은 증상들이 나타나며 세 가지 이상의 항목에 해당된다면 아동심리 전문가를 찾아가는 것이 바람직하다.

1. 집 또는 애착 대상과의 분리에 대한 불안이 발달 수준에 부적절하게 지나칠 정도로 나타나며, 다음의 세 가지 상황이나 그 이상의 상황에서 드러난다.
① 집 또는 주변 애착 대상과 분리되거나 분리가 예상될 때 반복적으로 심한 불안을 느낀다.
② 주된 애착 대상을 잃거나 그에게 해로운 일이 일어날 거라고 계

속적으로 심하게 걱정한다.

③ 운 나쁜 사고가 생겨 주된 애착 대상과 분리될 것이라는 비현실적이고 지속적인 걱정을 한다(예를 들면 길을 잃거나 납치되는 것).

④ 분리에 대한 불안 때문에 학교나 그 외의 장소에 지속적으로 가기 싫어하거나 거부한다.

⑤ 혼자 있거나 주된 애착 대상 없이 지내는 데 대해 지속적으로 가기 싫어하거나 거부한다.

⑥ 주된 애착 대상이 가까이 있지 않은 상황이나 집을 떠나는 상황에서는 잠자기를 지속적으로 싫어하거나 거부한다.

⑦ 분리의 주제와 연관되는 반복적인 악몽을 꾼다.

⑧ 주된 애착 대상과의 분리가 예상될 때 반복적인 신체 증상을 호소한다(예를 들면 두통, 복통, 오심, 구토).

2. 이러한 어려움이 적어도 4주 이상 지속되어야 한다.

3. 18세 이전에 발병한다(6세 이전에 시작되는 경우도 있다).

4. 사회적, 학업적(직업적) 또는 다른 중요한 기능 영역에서 임상적으로 심각한 고통이나 장해를 일으킨다.

- 분리불안장애는 스트레스(예를 들면 가족이나 애완 동물의 죽음, 아이나 가족의 병, 전학, 새로운 이웃으로 이사, 이민) 후에 발생할 수 있다.
- 이른 나이에 발생하며 청소년기 이후에는 흔하지 않다.

- 전형적으로 악화와 호전 기간이 반복된다.
- 부수적 특징으로 집이나 주요 애착 대상으로부터 분리될 때, 사회적 위축, 무감동, 슬픔을 보이고, 일과 놀이에 집중하지 못한다.
- 나이에 따라 동물, 괴물, 어둠, 폭력, 강도, 유괴범, 자동차 사고나 비행기 사고, 가족이나 자기 신변에 위험을 줄 수 있는 상황에 공포를 느낀다.
- 죽음이나 죽는 것에 대한 염려가 흔하다.
- 학교 가기를 거부하여 학업장애와 사회적 고립이 초래되기도 한다.
- 아무도 자신을 사랑하지 않는다고 호소하고 심지어 자신이 죽기를 바란다고 불평한다.
- 분리가 예상되어 기분이 상할 때는 화를 내거나 때로는 분리를 강요하는 사람을 때린다.
- 혼자 있을 때(특히 밤에), 어린아이는 일상적으로 지각하지 않는 경험(누가 자기 방을 훔쳐본다, 무서운 형체가 자기에게 다가온다, 누군가 자신을 주시하고 있다는 느낌)을 보고하기도 한다.

선택적 함묵증

선택적 함묵증은 아이가 선택적인 상황에서 말을 할 수 없는 증상으로, 소극적이고 내성적인 아이들에게서 자주 나타난다.

이런 경우 아이들은 자기가 왜 이야기를 할 수 없는지 알지 못하기 때문에 주변에서 자꾸 말하라고 다그치게 되면 점점 더 위축되어 증상이 악화될 수 있다.

선택적 함묵증이 나타나면 전문가에게 도움을 받는 것이 좋다. 이 증상에는 인지 치료가 효과적인데, 치료되어 다시 말을 하다가도 환경의 변화와 여러 가지 요인에 의해 재발되기도 한다.

아이들이 말하기를 꺼리는 이유를 크게 나눠보면 사회성이 부족해 또래 관계가 어려운 경우와 발음의 문제를 가진 경우 등이 있다. 지나치게 소심하거나 말솜씨가 부족하면 말을 하는 것을 꺼려할 수 있다. 또한 발음상의 문제를 가진 아이들도 사람들이 자신의 말을 잘 알아듣지 못한다는 것을 알게 되면서 말하기 싫어하게 되기도 한다. 선택적 함묵증의 필수증상은 다음과 같다.

① 다른 상황에서는 말을 잘하면서 말을 해야 하는 특정한 사회적 상황(예를 들면 학교, 놀이친구와 함께 있을 때)에서는 말을 하지 못한다.
② 이러한 어려움이 교육적, 학업적 성취나 사회적 의사소통을 저해한다.
③ 적어도 1개월 이상 지속되어야 하며 입학 후 초기 1개월은 포함되지 않는다.
④ 말하지 못하는 이유가 사회생활에서 요구되는 언어에 대한 지식이 없거나 그 언어에 대한 불편과 관계가 없는 것이어야 한다.

- 보통 5세 이전에 발병하지만, 학교에 입학할 때까지 관심을 받지 못한다.
- 대개는 몇 달 정도 지속되다가 더 오래 지속되는 경우도 있고 몇 년 동안 지속될 수도 있다.
- 동반되는 특징으로는 심한 부끄러움, 사회적인 어려운 상황에 대한 두려움, 사회적 위축과 포기, 매달림, 강박적 특성, 거절증, 분노 발작, 통제하거나 반항하는 행동(특히 집에서)들이 있다.

수면장애

수면장애는 악몽 꾸기, 자다가 공포에 질려 깨어나기, 자면서 걸어 돌아다니기 등의 세 가지 유형이 있다. 일반적으로 유아기 발달 과정에서 나타났다가 사라지는 특징이 있기도 하지만, 아래의 항목에 해당된다면 좀 더 세밀히 아이의 행동을 관찰하고 전문가를 찾아가 보는 것이 좋다.

1) 악몽

① 주요 수면 시간(밤) 동안이나 낮잠 자는 동안 생존, 안전, 자존심의 위협과 같은 여러 가지 무서운 꿈을 꾸며 대개 상세하게 기억하면서 반복적으로 잠에서 깬다. 일반적으로 잠들고 난 후 전체 수면 시간의 후반부 2분의 1 동안 잠에서 깨어난다.

② 무서운 꿈에서 깨어난 후, 신속하게 시공간 개념이나 자기 인식을 회복하고 각성된다(수면 중 경악장애와 일부 경련에서 혼돈과 시공간 개념이나 자기 인식 장해가 나타나는 것과는 대조적이다).

③ 각성으로 인한 꿈 경험, 수면 장해가 사회적 또는 다른 기타 중요한 기능 영역에서 임상적으로 심각한 고통이나 장해를 초래한다.

- 흔히 3~6세 사이에 시작된다. 3~5세 아이의 10~50%가 부모를 괴롭힐 정도로 심각한 악몽을 나타낸다. 이처럼 아동기에 흔하기 때문에 별도의 관심을 받아야 할 정도로 심각한 고통이나 방해가 없다면 이 진단을 내려서는 안 된다.
- 악몽은 심각한 정신사회적 압박감에 노출된 아이에게 나타나기 쉽다.

2) 경악장애(야경증)

① 필수 증상은 수면 중 반복적으로 강한 공포로 갑작스럽게 깨어나는 것으로, 보통 공포에 질려 비명을 지르거나 울면서 시작된다.

② 수면 중 공포 반응은 수면 시간의 초기 3분의 1 동안에 시작되고 1~10분간 지속된다. 이때 심한 공포, 빈맥, 빈호흡, 발한 같은 자율신경계 반응이 나타난다.

③ 공포 반응 동안 주변에서 안심시키는 행동을 해도 개인은 비교적 반응하지 않는다(공포 반응이 있는 동안은 안심시키려 해도 반응하지 않으며, 잠에서 깨어나지도 않는다).

④ 이러한 공포 반응 후 잠에서 깨면 몇 분간은 혼란스러워한다. 꿈을

기억하지 못하거나, 아니면 단편적으로 하나의 이미지만을 기억하거나 막연한 공포감을 이야기한다. 흔하게는 잠에서 깨지 않은 채 잠들고, 다음날 아침에 깨면 전날 밤 사건을 기억하지 못한다.

⑤ 아이의 이러한 반응 때문에 사회적 또는 다른 중요한 기능 영역에서 임상적으로 심각한 고통이나 장해를 일으킨다.

- 보통 4~12세 사이의 어린아이에서 시작되고 청소년기 동안 자연적으로 해소된다.
- 피로, 신체적 · 정서적 스트레스로 인해 일어날 가능성이 높아진다.

3) 몽유병–수면 중 보행장애

① 필수 증상은 자는 동안 복잡한 운동 행위의 반복적인 에피소드로 잠자리에서 일어나 돌아다니는 행동을 포함한다. 잠들고 난 후 전체 수면 시간의 전반부 3분의 1 동안 가장 흔하게 나타난다.

② 수면 중 걸어 다니는 동안에는 멍청하게 응시하는 얼굴을 보이고, 대화하려는 다른 사람의 노력에 반응을 보이지 않는다. 깨우기가 무척 힘들다.

③ 깨어났을 때(걸어 다니다가, 또는 다음날 아침에) 그 일에 대한 기억 상실이 있다.

④ 수면 중 걸어 다니다가 깨어나, 몇 분이 지나면 정신 활동이나 행동에는 아무런 장애가 없다(처음 잠깐 동안 혼란스러워하거나 시공간 지각에 장해가 있을 수 있다).

⑤ 수면 중 걸어 다니는 것으로 사회적 또는 다른 중요한 기능 영역
　에서 임상적으로 심각한 고통이나 장해를 일으킨다.

- 아이의 경우에는 수면 중에 걸어 다니면서 부적절한 행동(벽장에 들어가 오줌 누기 등)을 하기도 하며, 대부분 몇 분에서 30분 동안 지속된다.
- 수면 중에 여러 곳을 걸어 다니다가 다칠 수도 있으며 타인을 다치게 할 수도 있다.
- 10~30%의 아이들이 수면 중 한 번은 걸어 다니는 경험을 하지만, 백일몽의 진단은 1~5%로 그리 많지 않다.
- 수면 중 걸어 다니는 증상은 걷기가 가능해지면서 발생하지만, 대개 4~8세 사이에 첫 번째 발병이 일어난다. 12세 무렵에 가장 많이 나타난다. 대개는 초기 청소년기에 자연적으로 사라지며, 전형적으로 15세 무렵에는 사라진다.